優渥叢書

優渥叢書

優渥叢書

那些**成功者**都有一套自己的

筆記規則

速攻で仕事をする人の手帳のワザ

復刻版

活用 64 張圖，
讓手帳一目瞭然的歸納整理術！

佐久間英彰◎著　黃立萍◎譯

第一章

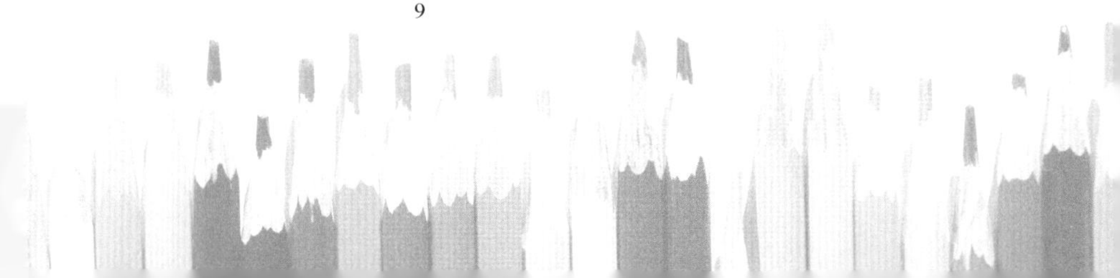

Contents

第二章

第三章

學成功者「時間管理」的筆記規則 079

Contents

第五章

學成功者「靈感創意」的筆記規則 131

Contents

第六章

學成功者製作「雜事清單」的筆記規則 149

第七章

學成功者「啟發人生」的筆記規則 181

Contents

附錄

結語

推薦序

有系統規則的手帳就像一個百寶箱

筆記女王 Ada

自從台灣燃起一股手帳風潮後，有些人誤解了「手帳」的定義，以為手帳就是畫面要大量使用剪貼或畫插圖裝飾，排版一定要美美的。在網路分享的手帳，也幾乎都是這類看起來色彩豐富、畫面生動活潑有趣的手帳。

台灣出版的手帳書，也以這類型為大宗，甚至有個有趣的現象——手帳除了固有的工商日誌之外，大部份是插畫家所設計，內頁偏向美感為主。日本的手帳大部份是成功人士或上班族所設計，內頁偏向功能取勝。

其實，手帳除了賞心悅目的功能之外，幫助我們生活得更充實更美好，才是寫手帳最終的目的。藉著這股手帳流行風潮，越來越多以前沒有寫手帳習慣的人，開始對寫手帳有興趣，並且對其內容寫法有了進一步認識，也藉由手帳將生活過得更充實，這是一個很好的現象。

日本最強手帳設計師，分享筆記規則

不知道大家有沒有觀摩其他成功人士手帳的經驗呢？觀摩後有什麼樣的心得呢？本書作者佐久間英彰覺得，成功人士都有固定愛用的手帳，對於寫手帳的方法也有一定的規則，像是固定的書寫內容與方式。這些內容與方式經過整理歸納後，方便日後檢索，幫助自己在工作與生活中提升自我成長。

成功人士之所以成功，就是因為用了這些手帳規則。作者將這些規則歸納整理，並分享給大家，讓大家向這些成功人士學習。

久仰佐久間英彰的大名，是從日本的雜誌和MOOK開始，只要有關手帳或筆記的報導，都有他的訪問。我從當中學到很多，尤其是他設計的《自我手帳》讓我學到，即使每天的例行公事，也要寫在手帳的時間軸上，累積小成就可以變成大成就。另外，他設計的《Pat-mi手帳》，能在一個頁面中同時看到月計畫與週計畫表，讓我學到把眼光放得更長遠，用宏觀的眼光看待每天處理的大小事。

過去，佐久間英彰的手帳用法，幾乎都散見在各雜誌和MOOK中，現在他的書出版了，把他寫手帳的所有規則有系統地集結成書，實在是各位手帳愛好者的福音，可以一氣呵成地吸收佐久間英彰的精華。

整理與歸納，讓手帳功能發揮極致

這本書中最引起我共鳴的一點，就是「書寫手帳最重要的技巧是整理和歸納」。很多人在手帳裡只寫了待辦事項與時程安排，一年結束後，就覺得這本手帳中記錄的事都已完成，沒有用處可以丟掉了。有些人寫手帳沒有建立規則，隨著心情喜好亂亂寫，等到時間一久，對所寫的內容已不再記憶深刻，想找以前寫下的內容時，再也找不到了。這樣都是很可惜的，寫了手帳，卻沒有將手帳的功能發揮到極致。其實，手帳不只幫助我們規劃未來、記錄現在，還可以寫下心情日記、激勵佳句、工作和生活資訊等。

經過整理和歸納後的手帳，就像一個百寶箱，不只有珍貴的回憶，工作與生活上想要回顧什麼樣的資訊，都可以在裡面找到，甚至當心情低落時，翻閱過去手帳的內容，還有激勵的作用。試著學會本書中傳授的規則，並加以活用，便能朝成功更邁進一步。

不管您是使用手帳多年的高手，還是剛入門的新手，我都極力推薦本書。書中的方法不只有助於做好時間管理、財務管理、自我成長管理，還可以記錄有用的資訊和心得，配合有效率的檢索方式，隨時反覆閱讀或查找既有資料都非常容易，非常值得我們學習。

推薦序

連重度規劃控都想分享的超棒筆記規則

拾木文具創辦人　MUKI

「把想做的事情寫下來，把寫下來的事情做完。」

我喜歡手帳，因為它賦予我這樣的意義，並促使我在寫與做之間，達到一個完美的循環。對我來說，手帳是第二大腦，記錄各種瑣碎的事務，讓我可以心無旁騖地完成工作。

不過令人慚愧的是，我真的只是把寫下來的事情做完、打勾後就翻頁而已，不再跟它有任何交集，往後遇到類似的工作時，雖然隱約知道自己曾經做過，但找不到之前的記錄，所以必須從頭做一遍。這樣的狀況遇到兩、三次後，實在很令人煩躁，因此整合自己的手帳內容，並試著做一個方便又快速的檢索，對我來說非常重要。

每個人都有，適合的手帳格式和規劃

本書作者佐久間英彰，是發明《自我手帳》（又稱為《自分手帳》）的手帳達人，將我們使用手帳時會碰到的問題都記錄下來，並提供不同的想法與運用，讓我們可以在這個基礎上，思考該如何改良會更加適合自己的手帳規劃。書中並未強制規定該怎麼做，畢竟手帳的運用沒有教科書可循，不會有標準答案，每個人都會因為自己的習慣、工作內容或個性而有所不同，使得手帳有強烈的個人風格。

我喜歡書中提到的一個觀念：「你是誰」決定了你應該用哪種手帳格式。這邊的「你是誰」，當然不是用心理測驗幫你做人格分析，而是按照你的需求，推薦適合的手帳格式。第二章整理了常見的手帳格式，例如：月份、週間，單日等等，並剖析這些格式的特點，還有適合的工作對象。

以我自身為例，因為工作比較繁雜，一天可能要處理好幾個預定事項，而且需要大量的空間去標記事項的細節，所以我的愛用格式是週間，可以同時填入多個待辦事項，右側還有一整頁可以補充註記。

佐久間英彰在書中提到，週間格式搭配時間軸的設計，非常適合用於時間管理，雖然大家一開始會覺得週間手帳適合的對象是上班族，但其實家庭主婦和學生也可以使用。書中也有簡單的舉例，相信家庭主婦或學生也會愛上「週間手帳＋時間軸」這樣的設計。

如何將資料變成有用的資訊？

我喜歡本書的編排方式，它將我們容易迷茫的幾個筆記規則整合在一起，還提供了成功者方法作為學習參考，像是專案管理、時間管理、隨筆靈感或雜事記錄，通通都收納在裡面。我特別喜歡「靈感創意」這一章，恰巧曾經規劃要額外拿一本手帳記錄隨筆，畢竟隨筆寫下的東西，在未來的某天很可能就是靈感創意來源！

「靈感創意」的章節中，提到了我很認同的一點：資料需要透過「彙整↓抄寫↓篩選」，才能變成有用的資訊。該如何做到上述三個步驟呢？佐久間英彰搭配了逗趣的視覺漫畫，讓我們更快進入狀況。我閱讀完後，甚至迫不及待地想實作一番，手帳的分享就是如此有感染力啊！

這本書還有超多精彩的內容，雖然我很想一一向大家介紹，但與其我慢慢述說，還不如讓各位慢慢閱讀、細細品茗比較好。當然，如果你已經看到這裡，一定也會迫不及待地想要往後翻，看看佐久間英彰還提供哪些密技可以應用在手帳上。尤其是看到某些觀念或作法，與你不謀而合時，那種會心一笑的喜悅感只有自己才能體會的。

我愛手帳，更愛利用它做規劃的充實感，如果你對這本書有興趣，那麼你一定跟我一樣是個規劃控，所以真的別再猶豫了，快把這本書看完，努力吸取日月精華吧！

前言
為什麼成功者都有一套「有系統的筆記規則」？

能遇到適合自己的手帳，是一場近乎戀愛的奇蹟，而之後是否能長久持續，則是另外一回事了。依據不同的交往方式，雙方關係會產生不同的變化。

你是否總是隨意敷衍地書寫手帳？是否常常忘記將資訊寫在哪裡？是否時常重複規劃行程？正因為你與手帳的相處方式有問題，才會造成這些矛盾和不滿。這樣看來，關於手帳的煩惱真是數也數不清。

箇中原由為何？我思考了一番，發現是因為我們寫完預定事項後，往往當作一切都結束了。

手帳的真正價值在於後續的活用，不僅是預定事項，連同結果也要一併寫入，並且時常回顧、加以運用。能夠做到這一點，才算是真正發揮手帳的功能。因此，資訊沒有被善用，其實與資訊不存在是一樣的。

目前市面上關於手帳的書籍，主要都專注於書寫技巧，而本書期待可以將視野擴及書寫後所需的「閱覽術」和「檢索術」。

為什麼我想撰寫這樣的內容？我因為記性不好，像是人名、發生過的事，甚至約定的細節，幾乎都記不住（或許根本沒有想要記住），因此認為自己需要一套「回顧手帳就能想起當天發生什麼事」的系統方法。而且，許多人應該也有這樣的需求吧。

手帳有如房間，整理可以提升效率

書寫手帳最關鍵的技巧是資訊的整理與歸納。一本沒有整理、歸納的手帳，就像在一個資料夾裡沒有開設任何子資料夾，只是把所有檔案保存其中。因此，不易閱覽、難以搜尋、不便回顧，是理所當然的事。

再打個比方，把手帳想成一個房間。當我們搬進一個空空如也的房間，不會毫無規劃地將物品擺放在地板上。我們通常能夠很快地將物品收納在它們應存放的位置，例如：毛巾放入更衣室、叉子收在廚房抽屜、書本擱置在書架、內衣摺進衣櫃等。相反地，要拿取物品時，也能很快地取得。

我們之所以會這麼做，是因為先有一套整理規則，後續才能貫徹執行。由於擺放位置固定，因此在使用完畢後，立刻就能物歸原處。

只要理解這個規則，即使一年後才翻閱手帳，也可以馬上回憶起當初發生的事情。書寫手帳最重要的是，無論何時，都能瞬間知道自己當時的想法和作法。

將重點聚焦於擺放位置的規則，許多書寫手帳的煩惱便能迎刃而解，因為資訊都整理、歸納得井井有條，容易書寫、方便翻閱、利於搜尋，回顧起來猶如探囊取物，進而使效率和速度都大為提升。

我採用這種書寫方式，等於將記憶託付給手帳，於是可以安心地專注於眼前的工作。

方針是普遍和不變，運用便能持續與應變

在此先說明，本書提及的手帳書寫方式雖說是規則，但沒有什麼特別之處，不僅誰都想得到，更不是什麼新奇的概念。希望立刻知道如何運用手帳的讀者，或許看相

關內容的雜誌或書籍就好。

這本書只是極其普通的手帳書，然而我認為「極其普通」這一點，卻是再重要不過了。

我制訂手帳規則的方針是普遍性和不變性，關鍵在於使用方式適用於所有的手帳，以及無論何時都不會改變。如此一來，不但能持續活用，即使生活型態轉變也能應變。如此普通的手帳書寫方式，在這世界上是有必要的。

打個比方，生活無非是醒來、吃飯、出門前往某地、和某人見面、談話、思考，然後睡覺。因此，我體悟到一個道理：手帳術的必要基礎，是設計出對任何人的生活細節都適用的方法。換句話說，本書介紹的手帳筆記規則，不僅能運用在工作上，還可以讓人生更加充實。

此外，儘管本書內容提到「神速、快速、迅速」這樣的字眼，但能否快速處理工作，當然操之在己，請別以為光是利用手帳，就能提升工作技能。不過，對於提升檢索資訊的效率，例如透過手帳迅速取得所需資訊，本書倒是可以派上用場，而效率提升的結果，就是工作日漸神速。

如果你正在使用我設計的《自我手帳》，或許完全瞭解我在本書中陳述的概念。

即使你採用的是市面上販售的其他手帳，藉由本書也能以全新的方式開始書寫。

無論如何，若你閱讀本書之後，能建立一套有系統的手帳運用規則，進而獲得書寫手帳的快樂，並實際感受筆下資訊的珍貴價值，便是我莫大的榮幸。

5 四 THU
6 五 FRI
7 六 SAT
8 日 SUN
6
7
8
9
10
11
12
13
14
15
16
17
18
19
20
21
22
23
24

第一章

我覺得傳統紙本手帳比較好！你呢？

01 你寫手帳的理由，是老闆要求還是為了效率？

你是否曾經思考，自己是為了什麼開始書寫手帳？

我想每個人各有不同的理由，如左圖所列，而開始在手帳裡留下記錄，但最終目的都是**要每天過得有效率，並且創造美好人生**。

我在學生時代漫無計畫地使用手帳，當時只用來記錄課表或打工時間等預定事項。每年隨便選一本、隨意寫寫，時間到了再換一本使用。

不管是備忘錄還是突來的靈感，我都寫在手帳或筆記本的邊邊角角，有時使用標籤貼紙或便條紙，再隨便一點則寫在免洗筷的紙袋上，總之就是利用手邊的紙張來書寫，不統一格式，不彙整資訊，甚至不回頭翻閱一下。結果，每天的生活就像流水般逝去，根本無法回想。

那真是一個資訊沒累積、產能低落的學生時代。我打從心裡這樣反省：假如那時

▶ 人們書寫手帳的理由及其效果

書寫的理由

① 管理預定事項

這是使用手帳的主要目的。對於必須妥善管理時間的商務人士，這是最實際的理由，但如果僅用於記錄預定事項，只能發揮一半的功能。

② 記錄行動結果

在預定事項後面記錄其結果，是善用手帳的開始。讓手帳成為自己的行動記錄，進入PDCA循環（※註），而持續運用。

③ 列出待辦事項清單

將一整天的待辦事項彙整寫出，就能避免遺漏，迅速集中作業，有效率地採取行動。

④ 留下生活日誌＆日記

今天花了多少錢？幾點睡覺？吃了什麼？一整天過得如何？持續為每日生活留下記錄，未來便能回顧。

⑤ 做筆記

統整所見所聞、工作靈感、可運用素材，建立自己未來的寶庫。可以改用筆記本記錄。

⑥ 設定夢想＆目標

想像自己希望成為的模樣，並實際寫下來，便能明確知道今後該做什麼。

⑦ 回顧生活

翻閱先前的手帳內容，回顧當時自己做過哪些事，思考過什麼。

效果

提高工作效率　**防範錯誤**　**避免重複規劃行程**

專注眼前工作　**活用知識與資訊**　**增強時間管理**　**達成目標**

※註：「PDCA循環」由美國學者愛德華茲．戴明提出。為了優化質量、改善生產流程，透過規劃（Plan）、執行（Do）、查核（Check）與行動（Action），進行「品質管理循環」，以達成目標、提升管理效能。

多留下一些可以成為日記、行動記錄、長期目標、新發現或成長見證的東西就好了。

為了不要像我一樣留下遺憾，希望各位務必詳讀本書，有效率地活用資訊，擁有精彩的手帳人生。

02 要找上次會議的重點或結論時，你記得寫在哪裡嗎？

為了讓每天都過得有效率，人們實際上在手帳裡寫下哪些資訊？雖然結果因人而異，不過我問過許多人之後，得出本書第31頁所列的內容。

無論資訊量的多寡，將還沒整理和歸納的資訊散亂地寫在筆記本裡，你覺得情況會變得如何呢？想檢索資訊時能迅速找到嗎？究竟該從哪著手搜尋？想必你完全摸不著頭緒吧。

打個比方，一座圖書館即使藏書千萬冊，若陳設亂無章法就無法使用。**要掌握資訊，最重要的是確立存放位置。**

每一本手帳基本上都以日期、時間作為軸心，因此我們依據時間記錄資訊，隨時都能輕鬆查找。但是，隨著日子一天天過去，與日期、時間毫無關聯的資訊紛紛出現，重要資訊很可能被大量的其他資訊掩蓋，變得不容易看到。如果訂定存放位置的規則，就能迅速翻閱，找到所需資訊。

為了創造一本方便使用的手帳，你必須先設定資訊存放位置再書寫，就像成立一座自己專屬的便捷圖書館。今後在書寫手帳時，要好好把握這個原則。

▶ 手帳裡寫了什麼資訊？

因為沒有整理，所以查找的難度變高

備忘筆記　預定事項　天氣　工作內容　人生計畫

密碼提示　想去看看的國家　興趣相關記錄　心情

事業靈感　行動結果　會面地點　食譜　交通方式

親朋好友通訊錄　人生夢想＆目標　待辦事項　日記

健康管理　想做的事清單　今年的夢想　朋友的生日

孩子的成長記錄　會議記錄　常備藥品　聊天的梗

自己的緊急事故聯絡人　禮物　他人的行程表

收到的信件　和重要人士之間的紀念日　工作目標

服喪人士的記錄　帳目資料　店家情報　名言與格言

常買物品的最低價　改天想去看看的店

被推薦閱讀的書　銀行與信用卡掛失的聯絡方式

自己的聯絡方式（手帳遺失時使用）

只要將這些資訊
加以整理……

詳見P.53

03 Google 行事曆這麼方便，卻少了點感情及……

現在可說是數位資訊的全盛時期。只要使用「Google 行事曆」這類服務，人們就能輕鬆管理行程。滑鼠輕輕一點，不僅能複製每週的例行公事、將它貼到其他週，檢索時也能信手捻來。

Google 行事曆是雲端管理工具，因此不只能用個人電腦進行管理，也可以透過手機瀏覽。即使不小心遺失個人端的資料，都已轉存在雲端或個人電腦中，修復時完全沒有問題。只要有 Groupware 這類雲端管理群組，連他人的行程也能即時確認、同時登錄與分享，各種功能持續進步，變得更加便利。

我將傳統手帳與數位行事曆的優缺點整理在左頁，無論怎麼看，似乎都是數位行事曆較佔優勢，**想必傳統紙本手帳的使用者因此減少了不少吧？但令人意外地，實際上卻有增加的趨勢**。雖然數位行事曆的使用者不在少數，但也有回歸傳統紙本手帳

▶ 數位行事曆看似較佔優勢，但真是如此嗎？

	數位行事曆	傳統紙本手帳
優點	·能輕鬆複製、貼上和修正。 ·能輕鬆設定重複的事項。 ·能連上網路分享。 ·能附上影像和聲音檔案、在連結上做筆記。 ·較容易檢索。 ·在預定事項發生前，可設定鬧鐘提醒。 ·無須在意「一週從禮拜天開始」或「新年度從4月開始」等相關格式。 ·只要輸入一次，就能改變單日、週間、月份等格式。 ·無空間限制。 ·可備份。 ·即使個人資料遺失，只要有帳號，就能透過其他載具使用。 ·即使忘了字該怎麼寫，也能打字輸入。	·可以自由書寫。 ·只要一筆在握，隨時隨地都能寫。 ·書寫時，無須擔心電池沒電。 ·即使未經腦中整理，也可以隨意地寫下。 ·經由手寫的過程，更能強化記憶。 ·能快速書寫並完成記錄。
缺點	·要是電池耗盡了，就只是一塊普通的板子。 ·較難繪圖。 ·每則內容看起來都像是相同的文字資訊，難以區別個別差異。 ·打字輸入比手寫麻煩。 ·無從得知該載具和服務的使用期限。	·僅能記錄一年份的資訊。 ·若沒有合適的「一週從禮拜天開始」或「新年度從4月開始」等格式的手帳，容易感到困擾。 ·檢索不易。 ·無法貼上超連結、網路地圖或相片。 ·必須每年更新。 ·書寫空間有限。 ·紙張怕水。 ·遺失了就無法繼續使用。

懷抱的案例，還有些人將數位、紙本同時搭配使用，發展出更輕鬆愜意的使用模式。

請確實理解傳統紙本手帳、數位行事曆各自的優劣之處，再思考適合自己的方式，創造出獨自的工作方式及生活哲學。

04 紙本手帳的優點①書寫與查閱都比手機更快速

明明數位行事曆這麼方便，為什麼至今我仍然使用傳統手帳呢？

「如果不是用鋼筆和鉛筆，我就寫不出好文章。」或許有些人覺得，使用傳統工具就像知名作家般有某種堅持，但若專指「將資訊寫進手帳」這件事，紙本手帳有以下優勢。

快速

和數位行事曆相較，在紙本手帳裡寫入資訊所需的時間較短。只要「啪」地拿出手帳、「啪」地翻開，就可以開始書寫，不僅步驟簡單，在多數情況下都較為便利。使用數位行事曆，輸入資訊時需較多步驟，也耗費更多時間。

當然，這兩者之間不能如此概略地比較，即使數位行事曆頗花時間，依然擁有不少好處。但如果要多次輸入和瀏覽，兩者之間耗費的時間差距就十分可觀了。單論書寫和確認這兩點，速度還是最重要的關鍵。

或許未來會有更進步的輸入系統問世，但此刻手寫仍是最好的選擇。

▶ 用智慧型手機輸入需要花費多少時間？

使用iPhone行事曆，輸入預定事項時……

① 按Home鍵（點擊1次）
② 滑動螢幕解鎖（點擊1次）
③ 輸入密碼（點擊4次）
④ 到手機桌面（點擊1次）
⑤ 啟動月曆應用程式（點擊1次）
⑥ 按下「＋」，輸入新預定事項（點擊1次）
⑦ 輸入標題（點擊1次）
⑧ 點選「地點」（點擊1次）
⑨ 輸入地點（點擊數次）
⑩ 點選「開始」（點擊1次）
⑪ 選擇起始時間（點擊3次）
⑫ 點選「完成」
⑬ 選擇「重複設定」（點擊2次）
⑭ 設定「提醒通知」（點擊2次）
⑮ 選擇「公事」或「私事」類別（點擊2次）
⑯ 點選「結束」（點擊1次）

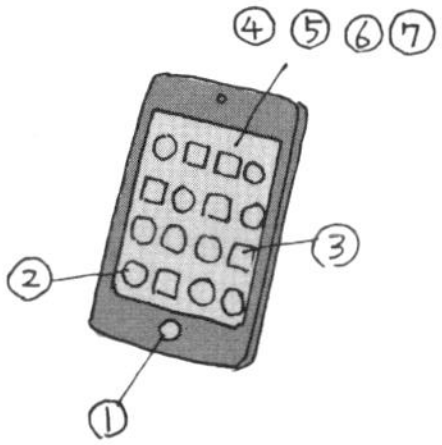

以上這些步驟，需要點選16次＋輸入資訊內容等流程。

使用傳統紙本手帳則是……

① 拿出手帳（1個步驟）
② 打開（1個步驟）
③ 翻找今天的頁面（數個步驟）
④ 拿起筆來（1個步驟）
⑤ 寫下內容（數個步驟）

只需要這些動作就完成了。

05 紙本手帳的優點②不論文字或繪圖都能自由發揮

能夠自由自在發揮

若是用手寫的方式，無論文字或繪圖，都能將腦中的想法自由地表現出來。有時以符號或圖表來表現、用喜歡的色筆來強調，或是改變顏色等，都非常隨意自在。

換成數位方式，要是在打字時想要畫圖，不免會停下手邊的動作，煩惱著「該怎麼畫才好？」是要打開其他應用程式用滑鼠畫，或是啟動繪圖板繪製，還是用觸控筆畫在 iPad 上，然後把檔案轉存到個人電腦中？被這些五花八門的功能擾亂思緒。到頭來，還是選擇畫在紙上，再掃描成數位檔案。

此外，**在整理思緒時也是手寫較為方便**。我們能用箭頭連接，或是將資訊框起來分類，還能畫一些補充的插圖，也可以貼上喜歡的相片、貼紙或紙膠帶。正因為是傳統手帳，才能如此自由。

▶ 要進行思緒整理，還是手寫方便！

傳統紙本手帳能讓我們依個人喜好，進行客製化改造。只要你親自動手完成一本專屬於自己的手帳，一定能從中體會到將個人手帳客製化的樂趣。

06

紙本手帳的優點③親手書寫更能加深記憶

有利於記憶

中文和英文的抄寫，有著相同的特性，就是都動手、動腦，即使過了一段時間，記憶依然留存在腦中。相信許多人都有這樣切實的感受。即使是能幹的秘書，隨身攜帶手帳也比使用數位行事曆，更能喚起記憶。

事實上有研究顯示，唯有在手寫時，大腦的皮質前額葉，以及負責理解語言和處理資訊的布洛卡區（Broca's area）才會活躍運作，有利於記憶。

此外，你曾有過這樣的經驗嗎？即使忘了帶手帳，也能勉強記得書寫的位置，然而數位行事曆的格式自由，較不易回想起輸入過的東西，這也是不爭的事實。

到頭來，無論選用數位或紙本行事曆，我們依然是靠大腦記憶，但要記得的事物太多，所以不太可能只靠大腦記住所有事情。對人類來說，要記下所有的資訊在目前

▶ 親手寫下的東西，比較不容易忘記

數位行事曆 能簡單處理的部分， 難以留存在腦海中。	傳統紙本手帳 因為動手書寫， 較容易留存記憶。

仍是不可能的任務。

因此，我認為將資訊寫進手帳的那一刻起，即使逐漸遺忘它們也無妨，因為已經扎實地記下，日後只要再翻閱回顧即可。

07 紙本手帳的優點④ 空間有限可以讓資訊去蕪存菁

能夠整理資訊

數位行事曆能簡單地複製、貼上，所以寫入的資訊難以整理、歸納，反而成了缺點。因為輸入的文字量沒有上限，便容易這也想寫、那也想加，一不小心就新增一大堆，導致無謂的資訊量暴增，造成一團混亂。

舉例來說，你今晚有個聚餐，若使用傳統紙本手帳，只需在行事曆寫下人名、店名、店家電話、見面地點等資訊即可；但如果用電腦，可能會想複製一下美食網站資訊，或是貼上地圖連結，忍不住就做了一大堆事。

訊息量暴增後，真正重要的資訊反而看不清楚，等於本末倒置。若是手寫，受限於書寫空間，不得不留意什麼才是重要的訊息，進而迅速地記下簡明扼要的內容。能將資訊去蕪存菁，這就是手寫的優勢。

▶因為資訊少，才方便查閱

數位行事曆

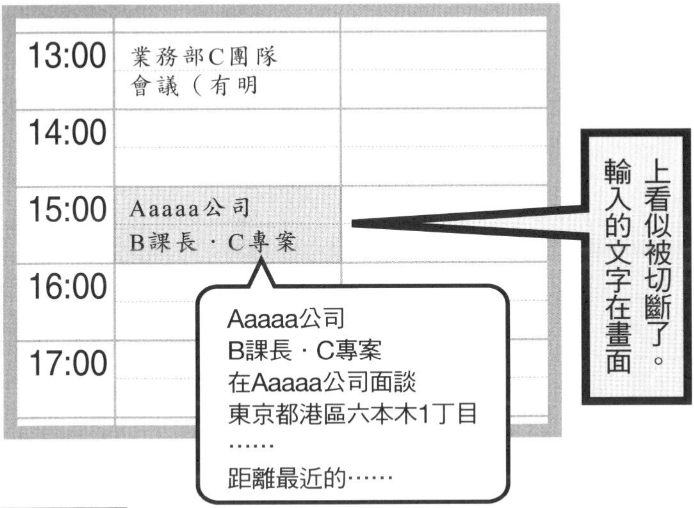

手寫行事曆

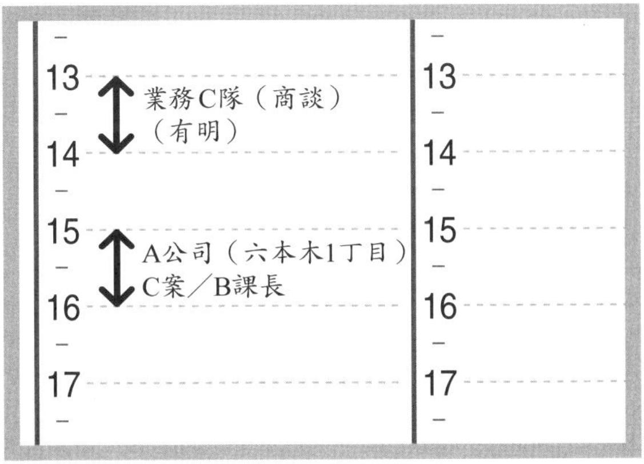

08 紙本手帳的優點⑤ 書寫時的情緒也一起留下記錄

能將情感化為實體加以保存

使用數位行事曆，無論輸入內容的人是誰，都是字體美觀、格式工整。

手寫行程會連同書寫時的精神狀態，一併留存下來。光看筆觸是漂亮端正或凌亂潦草，就能回想起「那時的我，壓力真大呀」，不僅包含過去的心情，甚至連畫面都能躍然紙上。

有人認為在數位行事曆上寫下「真是累壞了」，也能傳達出相同的心情，或是字亂得完全看不懂，就根本沒有意義，這些想法我都明白。的確，這不是孰優孰劣的問題。或許你只是將手帳當作單純的情報管理工具，所以不覺得有什麼好處，但若是將手帳**作為回顧過去的方式，留下能將過去的情感傳達出來的手寫痕跡，就很重要了。**

隨著時間流逝，這些將更顯得彌足珍貴。

▶ 過去的感情將真實地留存下來

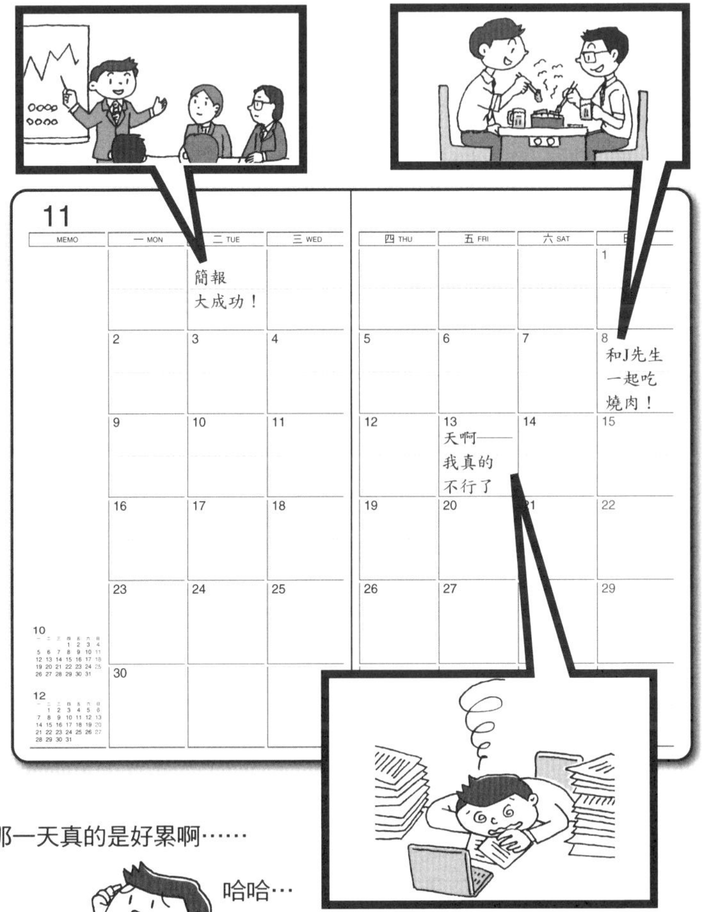

那一天真的是好累啊……

此外，「能作為實體物品保存下來」、「累積日常點滴的喜悅」這些精神層面的滿足感，更是使用數位行事曆無法體會到，而且獨一無二、難以取代。

09 你寫的是流水帳的行事曆，還是可檢索的美好記憶？

儘管我主張傳統紙本手帳較好，但有人覺得數位行事曆可以無限記錄、保存、檢索，所以比較好。我並沒有否定這種想法的意思，我自己也使用「Evernote」這類的雲端服務。

你平常會回顧、瀏覽存下的資訊嗎？能夠瞬間檢索想要查詢的資料固然方便，但若是連想找什麼資訊都不知道，那麼這些資訊不但不可能被搜尋到，根本就是永不見天日。**被保存下來的資料有99％是垃圾，其中卻包含了自己想看的資訊，這實在是很荒謬**。若能將資料輸出貼在手帳裡，只要打開就看得見，不僅相對迅速，也極為便利。

我不是否定數位行事曆，只是將兩者交互靈活運用會是更好的做法。

說到底，手帳的功能是為了便於查詢，將關鍵字和容易回想的簡單內容快速記

▶10年後，資訊還留著嗎？還找得到嗎？

推崇傳統紙本手帳如我，過去在電子手帳流行時，也曾經使用「Zaurus」之類的PDA，拚命管理自己的行程。但那些資料現在已經看不到了。曾幾何時，能夠續存資料的服務，如今已蕩然無存，也就是說，那時的自己已經消失，再也沒有比這更可惜的事了。

因此，我不再完全相信數位資料保存服務。一份到昨天為止還看得見的資料，卻有著若服務商無法支援保存作業，就無法進行管理的風險。

你現在使用的數位資料保存服務，10年後甚至20年後，還會繼續存在嗎？沒有人知道。舉凡許久之前曾流行的MD和8釐米攝影機等，即使收存的媒體資料都還握在手中，一旦讀取的載具消失，就等於不存在。

當然，我說的情況如今已沒有那麼高的風險，過去10年至今，世界的變化相當驚人。確實紙張可能會遺失、文字可能會褪色，但還是比數位資料讓人放心多了。

下。如此一來，就無需附加龐大的資料，只要之後上網搜尋，或是在自己的雲端資料中檢索就可以了。

數位行事曆確實方便，但得在後續加以活用，你才能真正享受它帶來的便利。

10 只要建立筆記規則，一秒就發現你寫過的任何軌跡

不單單是數位行事曆，傳統紙本手帳也一樣，如果找不到資訊，可說是形同廢物。要翻閱整本手帳，找出「不知道何時記下的事業靈感」，不但速度緩慢，更缺乏效率。

但**只要為存放位置訂定一些規則，即使是手寫資訊，也能確實提升檢索成效**。在本書第31頁，我列出了許多會寫在手帳中的各類資訊，而左頁則是將那些資訊分門別類後的結果。

資訊不是只有「伴隨時間而記錄」的類型，所以不能全都混為一談。經過整理和歸納，將資訊化繁為簡，就能有新的發現。

「下週一的會面事項已經寫進去嗎？」這是手帳的基本使用方式。不過，若能將類別明確的資訊，像是「前陣子主管說的那段感人的話，到底是什麼？」這種聊天的

▶ 資訊存放位置，需要先制定一定程度的規則

· 應該寫在行程欄位中的內容

工作內容　預定事項　心情　帳目資料　天氣
行動結果　健康管理　日記　孩子的成長記錄
會面地點　他人的行程表、興趣相關記錄

· 寫在當週（月）行事曆欄位外的內容

待辦事項　交通方式　店家情報

· 僅適用於該年度的資訊

今年的夢想　工作目標　服喪人士的記錄　禮物
收到的信件　常買物品的最低價　聊天的梗
被推薦閱讀的書　改天想去看看的店　想做的事清單

· 一輩子都用得上的資訊

朋友的生日　名言與格言　常備藥品　人生計畫
親朋好友通訊錄　銀行與信用卡掛失聯絡方式
人生夢想＆目標　自己的緊急事故聯絡人
想去看看的國家　和重要人士之間的紀念日　密碼提示
自己的聯絡方式（手帳遺失時使用）

· 備忘資訊

事業靈感　會議記錄　食譜　備忘錄

5 四 THU
6 五 FRI
7 六 SAT
8 日 SUN

第二章

選一本最適合你的手帳，很重要！

11 「你是誰」決定了你應該用哪種手帳格式

每到年末，文具店的手帳區就變得很熱鬧。尺寸、格式及封面皆精心規劃的各種手帳，琳瑯滿目地陳列在架上，吸引人們選購。一邊想像「明年會是怎樣的一年」，一邊挑選手帳，實在令人非常愉悅。

在挑選手帳時，最重要的考量是什麼？其實沒有正確答案。**根據不同的生活型態與使用目的，市面上有各式各樣的手帳**。有上班族、經營者、自由工作者、學生、主婦各自適合的手帳，也有行程管理、生活日誌、工程管控、兼作日記等各種用途的手帳，而且尺寸、格式也五花八門。

有些人不常書寫，只需要一本月份格式手帳，有些人為了對照家中月曆，選擇以週日為一週起始的手帳，青菜蘿蔔各有所好。

因此，你不能憑感覺選用手帳。「大家都在用」、「雜誌推薦」或「封面很可

▶ 手帳有各種不同的格式

長期型〉能綜觀一整年的內容　　年度類（Yearly Type）

年度行程

應該沒有人只使用這個區塊。以長期計畫為使用前提，是搭配月份或週間行程使用的便利格式。

中期型〉能綜觀一整個月的內容　　月份類（Monthly Type）

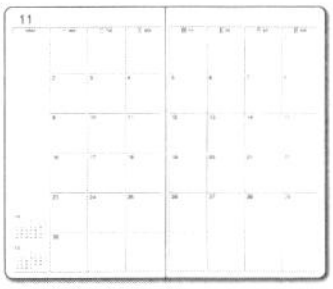

月份行程

以中期計畫為使用前提，是能綜觀整個月內容的便利格式。

對於一天有3件預定事項，或需要時間管理的人來說，或許稍嫌不足。

短期型〉能綜觀一整個星期的內容　週間類（Weekly Type）

垂直式行程

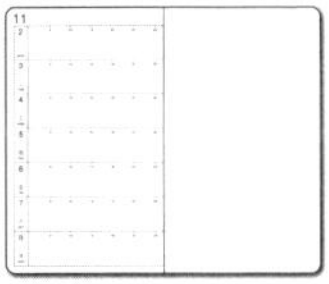

左側式行程

對於希望以時間清楚劃分當日預定事項的人來說，是相當便利的格式。

也適用於書寫生活日誌。

超短期型〉能綜觀一整天的內容　　每日類（Daily Type）

一天一頁行程

相較於行程管理，有不少人把這類手帳，當作日記或行動日誌來使用。

愛」，不能當作挑選的理由。根據生活型態與使用目的，選擇符合需求的手帳格式，才能提升手帳的使用成效和滿意度。

12 年度格式：當你需要管理長期專案或年度大事時

年度行程是能綜觀一整年內容的格式，**最適合用於管理長期專案**。這種格式經常用於工作上的年度計畫，用來記錄出差和例行會議也十分方便。當然，也適用於記錄私人事務，包含孩子學校的年度活動、重要人士的生日或紀念日等。

由於年度格式可以一次綜觀整年的大事件，因此較容易進行公事和私事的平衡管理。

但不可否認地，到頭來還是得耗兩次工，將相同的內容或細節再謄寫到月份或週間頁面上，一個不小心還可能忘記謄寫，這一點必須特別留意。

此外，也有人**把年度行程當作生活日誌來使用**。舉凡購買某書的時間、讀完某書的日期、當日的收支情況、體重記錄等等，統一彙整更能輕鬆看出資訊的變化。以這樣的設想來書寫，年度行程也將搖身一變，成為方便好用的頁面。

值得注意的是，由於年度行程的書寫空間有限，**要是將各種不同主題的內容都填塞進去，將造成檢索上的不便**。不過分貪心，僅鎖定單一主題來書寫，才是較適當的做法。

▶ 年度行程格式

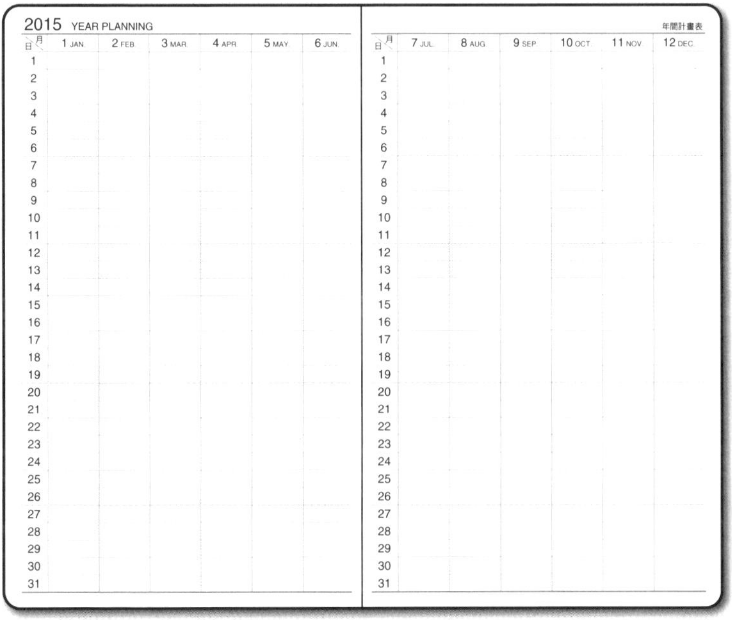

便於管理長期專案

⬇

· 無論工作業務或私人手札都適用。
· 生活日誌也能橫跨一整個年度來閱覽。
· 建議鎖定主題來書寫。

13 月份格式：當你每月有例行公事或固定事項時

月份行程是能綜觀一整個月內容的格式，**適合以一個月為單位來管理行程**。舉例來說，像是「每週五早上的英文會話課，第三週都固定休息」、「每個月最後一個禮拜三要參加部門會議」等事項，都能隨著填寫記錄時再作確認。另外，也非常適合用來記錄像「本週開始到下週三出差」這樣的跨週計畫。運用貼紙和螢光筆來加強，不僅能瞭解整個月的流程，而且一個月結束後，只需看一眼，就能瞬間回想起這個月過得如何。**通常例行公事以月份作為單位的人，最適合採用這種格式**。一天僅有一、兩件預定事項或不需進行時間管理的人，使用起來也足夠。

然而，對於希望確實做好時間管理的人，**建議搭配週間行程一同使用**，但得特別留意，可別漏寫或忘了抄錄。在工作上，沒有什麼事比行程重疊或是放人鴿子，更令人害怕。

▶ 月份行程格式

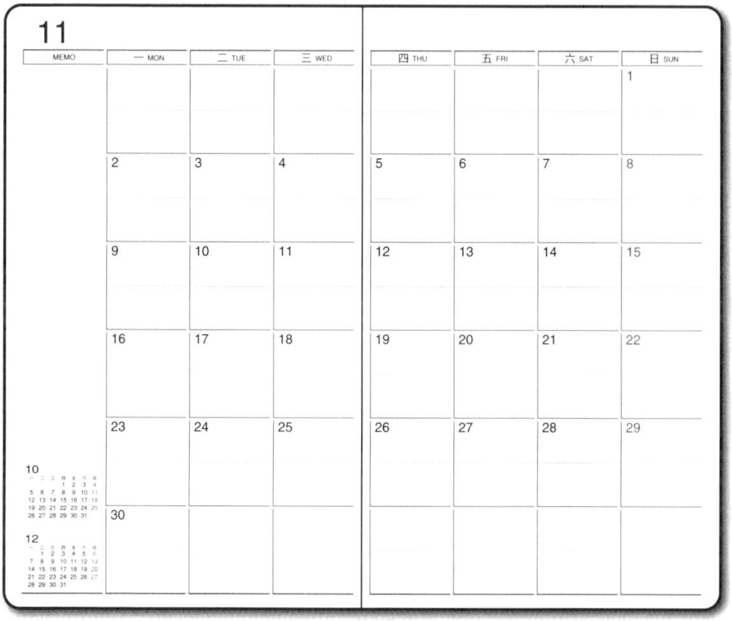

便於以時間推移來管理一整個月行程

- 最適合一天僅有一、兩件預定事項的人，用來管理行程。
- 推薦給不需進行時間管理的人。
- 建議有跨週或定期預定事項的人使用。

14 週間格式：當你每天要執行數個預定事項或行程時

若說月份行程是便於綜觀整個月的格式，那麼**週間行程就是希望確實做好時間管理的人絕不能錯過的格式**。

週間行程可分兩種，一種是時間軸成縱向的垂直式行程，另一種則是橫向的左側式行程。這兩種都有標明清楚的時間軸，因此能瞬間找到對應的時間，迅速將預定事項記入。**對一天當中有數件預定事項的人、經常得往返不同地點的人、希望進行時間管理的人，以及想要書寫生活日誌的人**來說，是最方便使用的格式。

雖然大多數的人認為週間行程最適合工作忙碌的上班族，但**對主婦或學生來說也相當好用**。例如，主婦能用來記錄孩子的接送事項、老公預定返家的時間等細節，以管理家人的行程；學生可以寫入正在選修的課表，以找出空檔，努力參與研討會和社團活動，或進一步安排打工。這些都能協助自己有效利用時間。

▶ 週間行程格式

垂直式行程

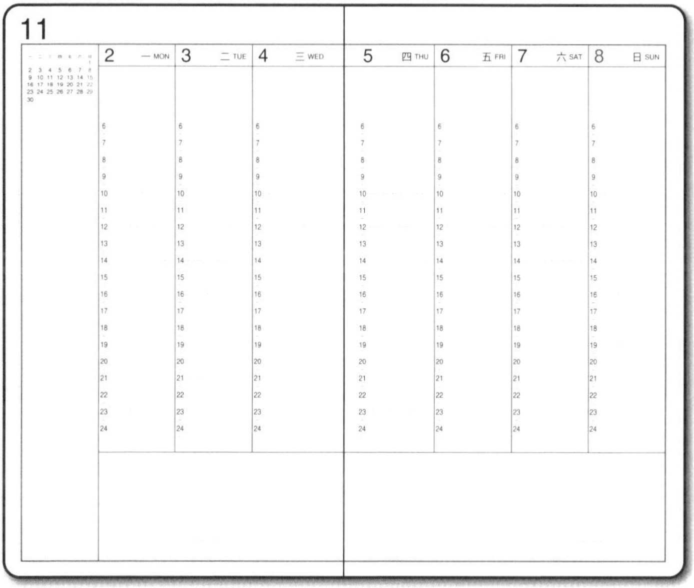

左側式行程

藉由時間軸，能綜觀一整週的行動。

⬇

- 最適合一天當中有數件預定事項的人。
- 推薦給經常得往返不同地點的人。
- 希望進行時間管理的人絕不能錯過。

15 單日格式：當你想記錄忽然湧現的靈感創意時

近年來，「一天一頁」的形式相當受歡迎，其**特點是能自由發揮，書寫空間相較於其他格式是最大的**。

這樣的設計不僅可以當作手帳，也能作為日記本、筆記本或繪圖本。使用方式千變萬化，可以書寫讀書心得、觀影感想，或是將雜誌裡喜歡的部分、喜歡店家的名片、演唱會門票等，都剪下黏貼在本子裡。由於書寫欄位大，能取代筆記本或會議記錄，因此「無須攜帶多本筆記」可說是這種手帳的最大優勢。一整天發生的大小事，都能典藏在這一頁當中。

換言之，**對於想鉅細靡遺記錄每個快樂的當下的人而言，這種手帳真是再適合不過。另外，也推薦給腦中充滿創意，或是喜歡大量書寫和塗鴉的人。**

然而必須特別留意的是，這類手帳使用於商務工作則略有不足之處。

▶每日行程格式

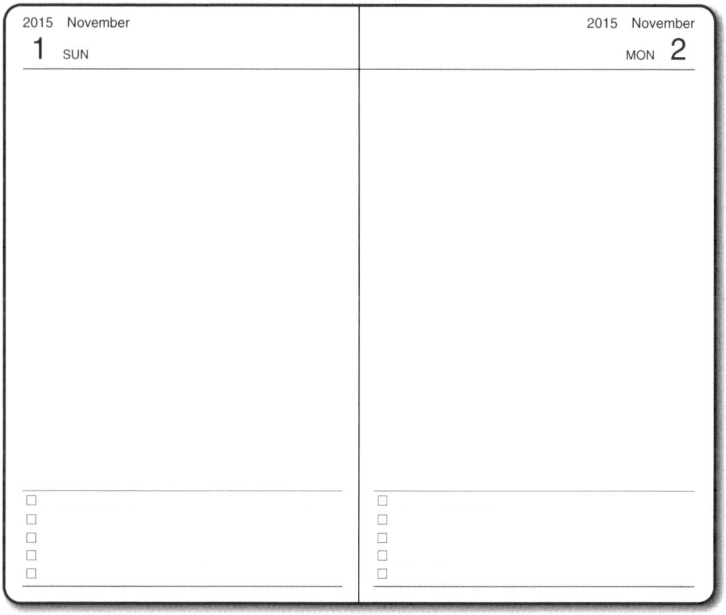

能像日記一般自由自在書寫

- 適用於樂在享受當下、想要鉅細靡遺地記錄各種事物的人。
- 較不具時間感，無法縱覽一整週的行程安排。

由於一個頁面只記錄一天，因此無法縱覽內容。換句話說，無法感受到時間的變化，等於無法呈現對上班族而言最重要的「星期概念」，所以**不適合用來綜觀整體行程**。此外，這類手帳的頁數較多，使用者必須有手帳變得厚重的心理準備。

16 時間管理不好的人，用週間格式在週休二日喘息

想確實做好行程管理，使用標明**時間軸和均等欄位的週間手帳**（有垂直式與左側式），絕對是最佳選擇。

在週間格式手帳上，依據時間記錄預定事項，**可以讓一整天的行程圖像化，一眼找出空檔時間**。如此一來，就能利用空檔時間，處理可快速完成的待辦事項、製作下一個商談的資料，或是安排午餐。而且，若下一個預定行程必須搭車前往，記錄移動需耗費的時間，可以讓自己留意該何時出發。

這樣的時間管理方式，是使用「沒有均等時間軸」的月份格式手帳時，絕對辦不到的。如此精確地管理時間，**就會知道寶貴時間是怎麼浪費掉，進而創造出可利用的時間**。

週間行程格式還有一個強大的優勢，那就是速度。使用月份行程格式時，必須在

▶ 空檔時間一目了然

圖1　月份類

以圖1左邊的「2日」這一天為例，A公司會議預定花2小時、M公司會議則是1小時，哪一個會議較花時間呢？無法一眼就判斷出來，必須在腦中計算。

圖2　週間類

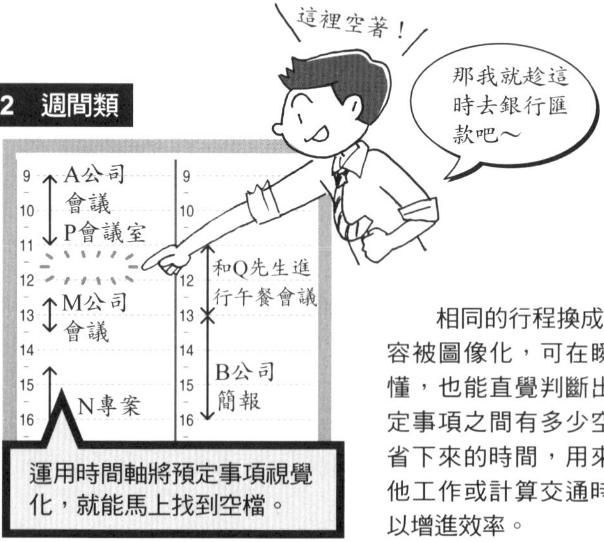

相同的行程換成圖2，內容被圖像化，可在瞬間就看懂，也能直覺判斷出每個預定事項之間有多少空檔。節省下來的時間，用來進行其他工作或計算交通時間，可以增進效率。

腦中計算每個行程估用多少時間。然而，連這樣用於計算的時間都是一種浪費，計算一次或許只花費短短幾秒，但累積起來不容小覷。善用一些小巧思，就能讓你的手帳生活過得更沒有壓力。

17 待辦事項超多的人，垂直式格式能「掛萬不漏一」

手帳的格式五花八門，其中最多樣化的就是週間類。大致上分為兩種：現今主流的垂直式（以直向書寫內容），以及左側式（左頁為橫軸排程表，右頁則為空白筆記）。此外，也有上下分離的行程格式。但**我最推薦的，絕對是垂直式行程**。

左側式的時間軸是以橫向設計，因此以三十分鐘或一小時為單位的預定事項，寫起來較不方便。一般人大多是橫向書寫，所以在使用左側式時，文字很容易侵蝕到其他時間帶的空間，較難在瀏覽時就迅速掌握時間，可說是一大缺點。

過去我曾使用過左側式，右側的空白頁能自由書寫固然方便，但一旦寫了生活趣事、會議記錄等，不知不覺就佔去所有空間，會面臨寫到其他頁面的窘境。這等於本末倒置，於是我改用垂直式行程，備忘事項則寫在另一本筆記。

當然，也有人比較鍾意左側式，因此還是要考慮個人的書寫習慣來挑選。

▶垂直式行程是最強的格式

左側式

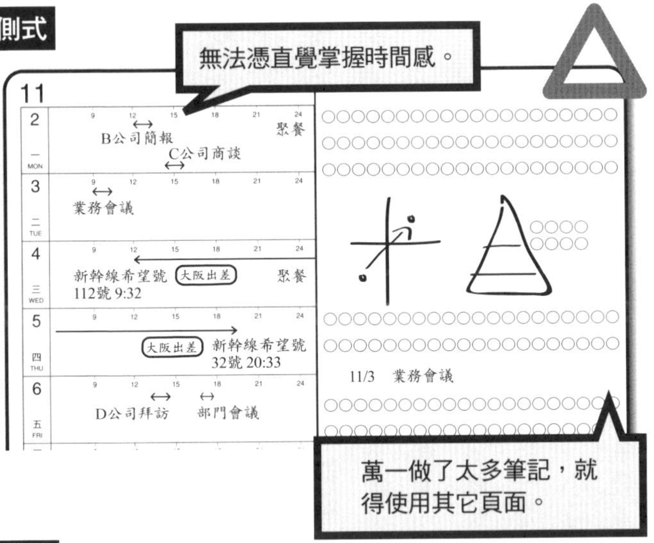

垂直式

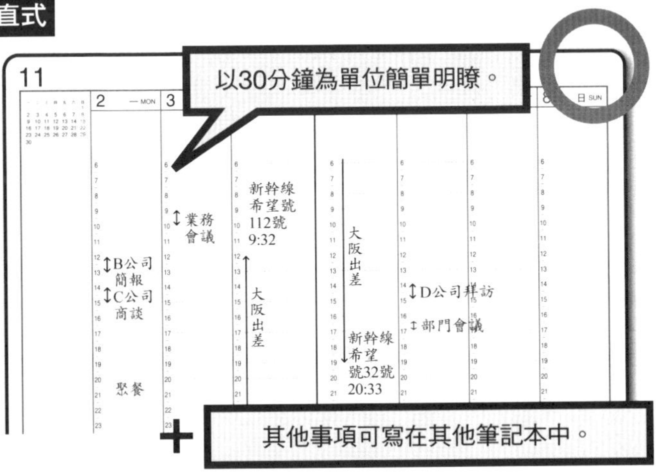

18 行程滿檔的人，以30分鐘為單位來規劃就不會遲到

我討厭浪費時間，無論是在書寫或回顧手帳時都一樣。

比方說，週間時間軸上完全沒有標記數字，就是一本會造成時間浪費的手帳。**每次書寫預定事項都必須一併寫下時間，就是一種浪費**。例如，要完整寫出「十三點〇〇分至十五點〇〇分A公司簡報」，不是很浪費時間嗎？若頁面上已標記數字，就只需在十三點到十五點之間畫上箭頭，寫上「A公司簡報」即可。若時間軸上沒有數字，看不出箭頭指向幾點鐘，每次的計算就是在浪費寶貴的時間。

更進一步地說，「以三十分鐘為單位」是最佳的格式，每一小時只有一格欄位的手帳也不方便。一般行程都不盡然是以一小時為單位，所以至少要以三十分鐘為最小單位才便於管理。順帶一提，頁面上太多數字難免顯得有些眼花撩亂，建議選用時間軸上不是寫著數字「三十」，而是以一個圓點「・」來代替的設計。

▶利用以30分鐘為單位的手帳，確實管理行程

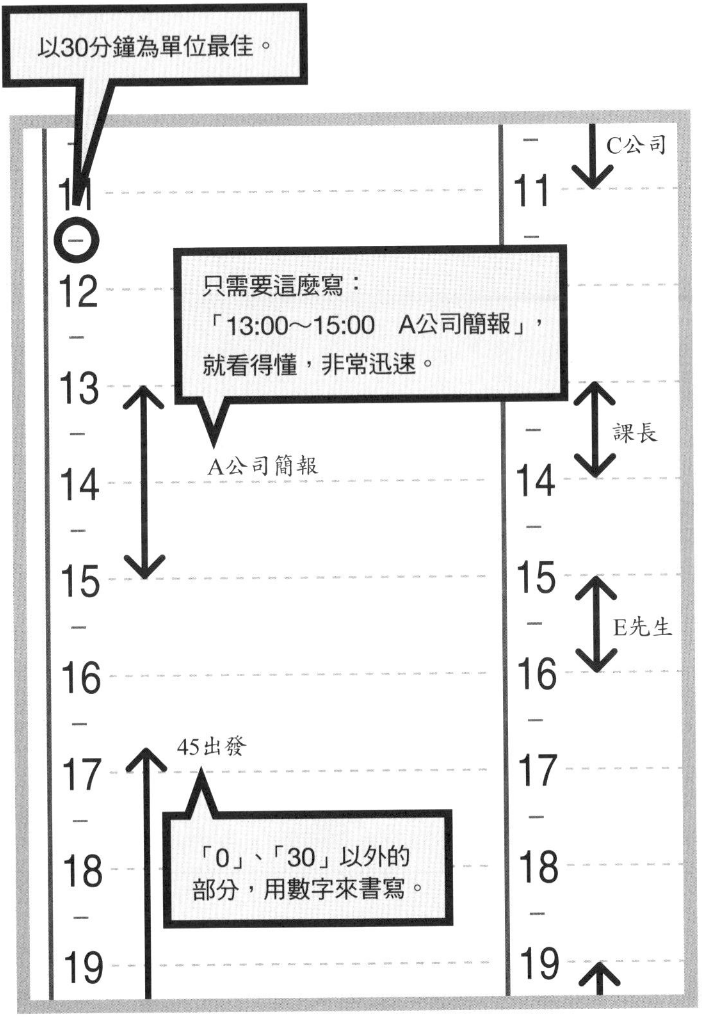

5 四 THU
6 五 FRI
7 六 SAT
8 日 SUN

▶ 利用以30分鐘為單位的手帳，確實管理行程

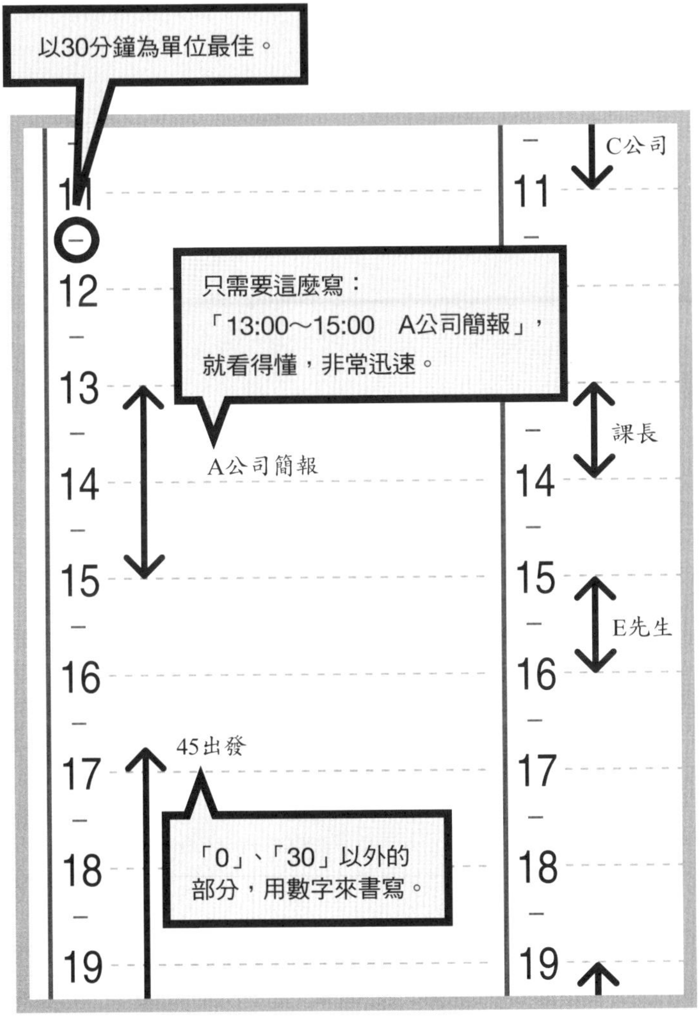

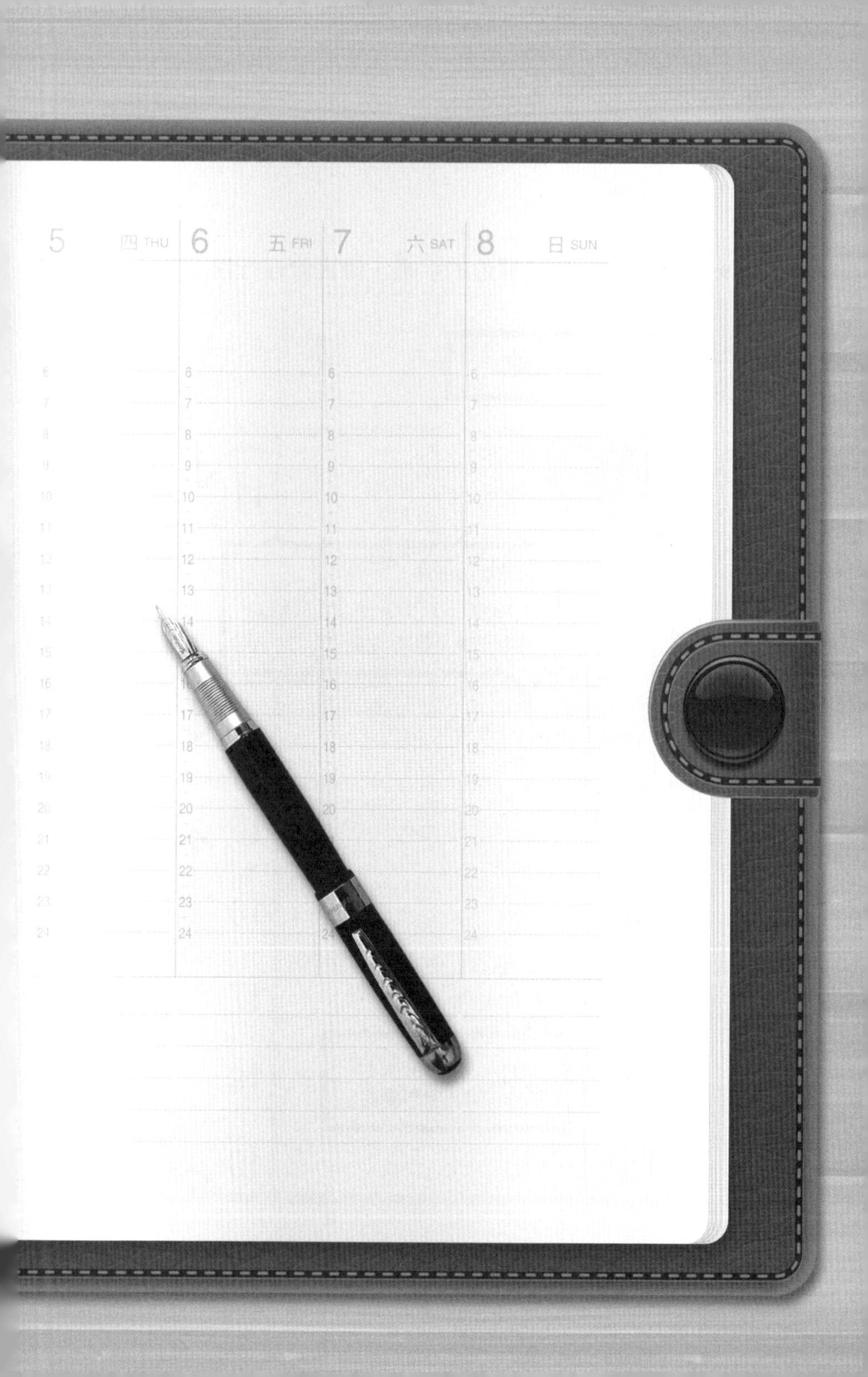
5 四 THU
6 五 FRI
7 六 SAT
8 日 SUN

第三章

學成功者「時間管理」的筆記規則

19 遇到穿著Prada的惡魔老闆，你會放棄戀人的約會嗎？

只為了記錄工作行程而使用手帳，實在很可惜。**將公事和私事整合在同一本手帳來管理，才是我比較推薦的做法。**

公私合一的做法有許多優點，其中之一是能防止重複安排行程。工作用A手帳、私事用B手帳，分開記錄後要逐一對照兩本手帳，不僅麻煩，也有很高的機率會造成行程重複安排。身體只有一個，無法同時處理公、私領域的重要事情，因此我建議，一開始就將行程寫在同一本手帳中（同一頁面更佳）。但是，所有內容都寫在同一頁，也有被工作相關對象看見私事的風險。如果你有這種困擾，請嘗試本書第98頁的應對方法。

不只單純為了工作，若能將人生全部寫進手帳裡，回顧起來一定會更有意思。

▶ 身體只有一個，所以手帳只要一本就好

優點 私人行程不會被工作相關對象看見。

缺點 容易造成工作行程和私人行程重複安排。

優點 公事和私事能夠彙整，成為一本完整的手帳。

缺點 可能會被工作相關對象嘲弄：「喔，今天要約會啊？」

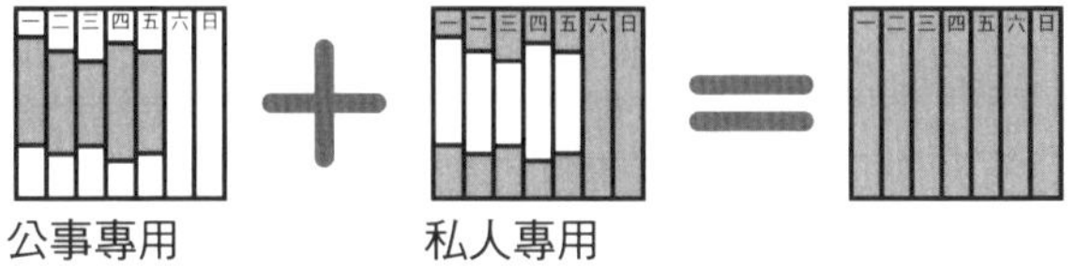

結論：公事和私事不相互重疊，可以統整成一本手帳。

20 步驟1：首先，你得記下本年度最重要的幾件事

儘管每一本手帳都有年度行程頁面，但意外地，有不少人因為不知道該寫些什麼，而棄之不用。

在商務上，這個頁面經常用來書寫年度預定例行公事，也能用來進行專案管理等工作。然而須格外留意的是，如果忘記將資訊謄寫到週間頁面，可能造成行程的重複安排。我一再強調，最重要的是**將資訊匯整在同一個地方**。縱使年度頁面能用來綜觀整年度的計畫，但若日期已經定案，我們必須將行程寫在平常經常翻閱的月份、週間頁面，來進行時間管理。

因此，運用年度行程的方法，就是**設定單一主題**。例如：只寫下出差行程、旅遊情報、孩子學校活動、體重，或花費金額等。持續累積書寫，就能綜觀整體的變化，後續回顧起來就十分容易。

▶ 不知道該用來做什麼的年度頁面，可以這麼做……

你可以試著將旅遊或假期設定為主題：

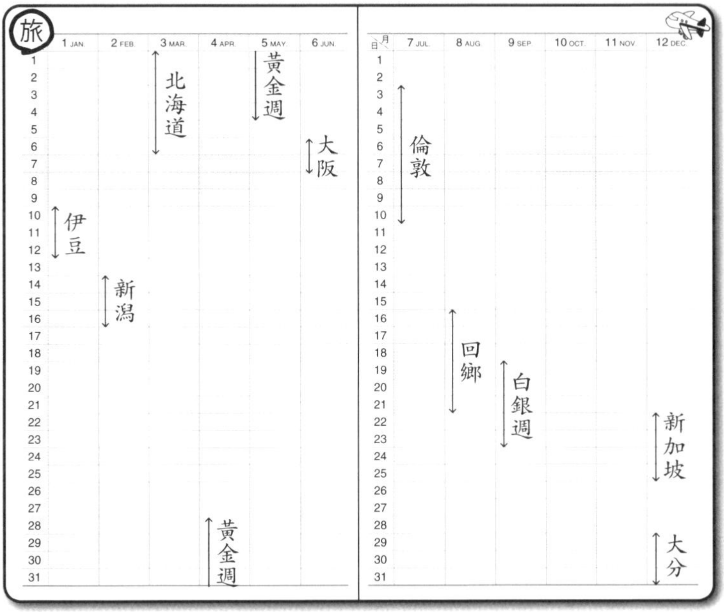

· 不以年度行程頁面來管理生活行程。

· 決定主題後再書寫，更能一目了然。

21

步驟2：約略寫下月份行程，看看是否會忙不過來

月份行程是用來縱覽一整個月活動的絕佳格式，但在行程管理上，依然不如標示時間軸的週間行程那麼詳細。因此，**為了能縱覽下個月份的內容，建議你在月份行程上概略地記錄預定事項。**

為了避免重複安排，重點是在寫上已確定時間的行程時，**養成同時謄寫到週間頁面上的習慣。**請以規劃本月預定事項的心情，來整合必須做與想做的事，藉此計畫一整個月的生活。

在此介紹一個朋友有趣的使用方式，他使用Google行事曆輸入行程，再用A4紙橫向列印出來，並折好、隨身攜帶。一旦有新的預定事項就寫在這張紙上，到了一天結束時，將新增的內容輸入Google行事曆。雖然不知道這算是數位科技派還是傳統紙本派，但可說是專屬於「空手派」的聰明辦法。

▶ 粗略寫出一個月的行程，再進行整體瀏覽

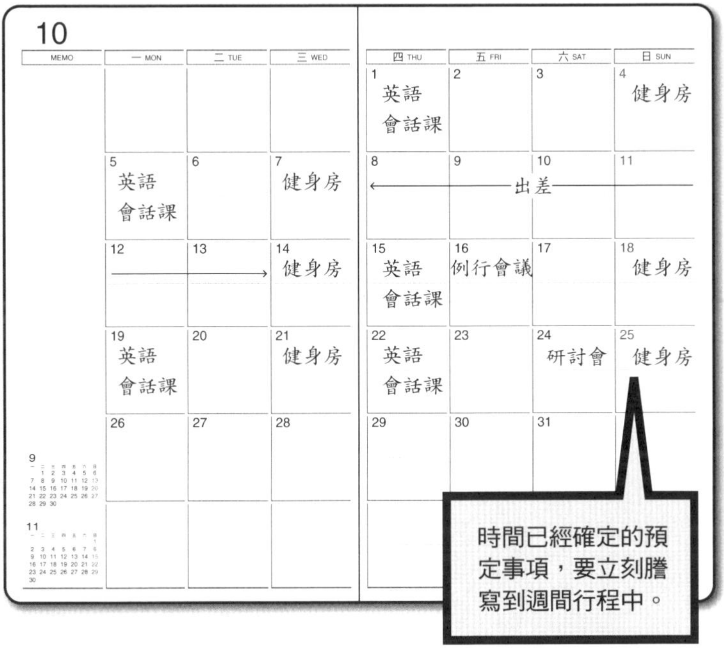

22

爽約？重複安排？學會區分月份與週間行程就能避免

經常有人問我：「要怎麼巧妙地區分月份行程和週間行程。」我認為，行程應該以單一方式來統一管理，因此總是回答：**「如果做不到，不必勉強自己也沒關係。」**

管理行程時，最令人困擾的不外乎兩件事：已經寫在月份行程，卻忘記寫進週間行程而爽約，以及不小心重複安排預定事項。當然，如同前面提過的，月份行程能夠綜觀一整個月份的行程，但想做好時間管理，週間行程才是最佳選擇。

「這樣月份行程的頁面不就浪費了？」如果你這麼認為，不妨在此書寫「三行日記」。雖然日記也可以寫在週間頁面中，但卻有工作時會被別人看見的風險。因此，週間行程頁面可以寫入最低限度的私人行程，而發生過的事等具體描述，則以三行日記的形式寫在月份的方形欄位中，說不定也是個好辦法。

關於三行日記的寫法，將在本書第150頁加以說明。

▶ 要做好時間管理，週間行程頁面是最佳選擇

月份行程頁面

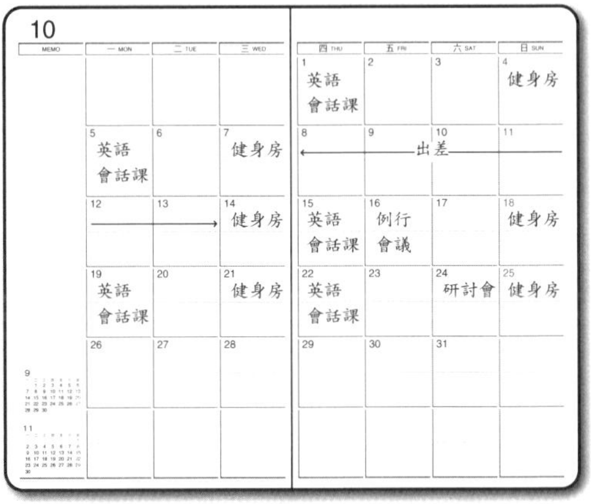

最多只能掌握整個月的行程。

或是

當作私人日記使用。

已確定時間的預定行程，一定要記得謄寫。

週間行程頁面

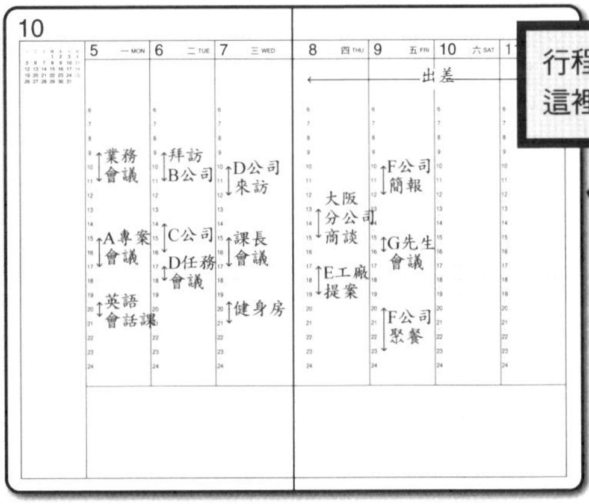

行程管理主要都在這裡進行。

逐一管理每天的行程。

23 步驟3：讓週間行程創造出活力滿滿的每一天

週間行程的強大之處，在於活用時間管理，使一整天的行程密度化為一目了然的圖像。經常有人問：「我是坐辦公桌的，所以月份行程就夠用了吧？」這並非不行，但月份行程無法進行細部的時間管理，會造成時間浪費。

無論是誰，都**不會一天什麼事都沒發生**。就算是坐辦公桌的人，也可以在預定工作的時間上畫一條線，寫上「進辦公室工作」。即使只寫下些許內容也無妨，單純記錄工作時做什麼，也是非常棒的時間管理。此外，若有外出行程，先計畫「為了準時抵達，應該幾點幾分出發」，再寫入手帳中，也是一種時間管理。

將一天二十四小時的使用方式，透過圖像化顯示出來，是非常重要的關鍵。不僅止於工作，若能將私人行程也一併記錄，久而久之「什麼事都沒發生」的日子就不復存在。

▶所有預定事項都以時間為基準來填寫

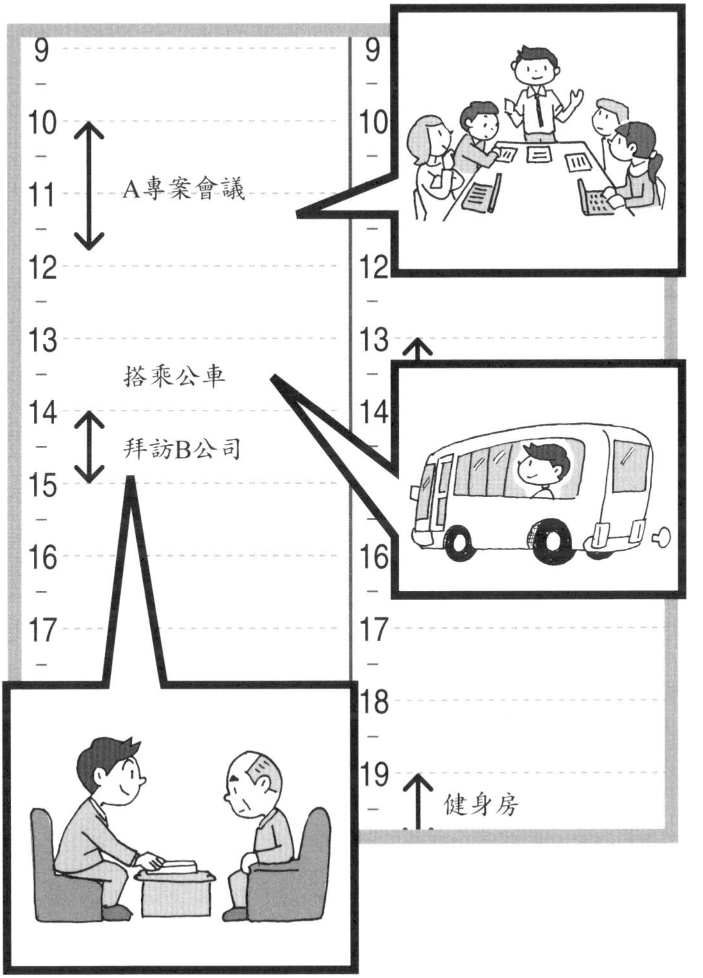

當一天結束時，若將當天做了什麼、有何感受，或是有什麼新發現都寫進手帳，將成為清楚明瞭的時間管理。藉由綜觀當週的行程，就能預覽隔天或隔週行程的PDCA循環。掌握現狀，就能掌握你的未來。

”世上真不知有多少能夠成功立業的人，都因為把難得的時間輕輕放過，而致默默無聞。

——法國短篇小說之王莫泊桑“

24 這樣記，保證不讓部屬忘記你的交辦事項

「應該把自己的一舉一動全寫進時間軸。」雖然這麼說，但生活和工作非只有自己一個人的事。因此，如何才能將家人和工作夥伴等他人的行程，也一併寫進手帳裡？在此提供一個運用你現有手帳，就能簡單執行的方法。

答案是**左右分開書寫**。使用垂直式行程時，自己的預定事項通常是在欄位左側畫上箭頭，再於箭頭右方寫入行程。因此，其他人的預定事項只要在欄位右側畫上箭頭，再於箭頭左方寫入行程，就十分清楚了。為了不和自己的行程混淆、不需翻頁就能和自己的行程相互對照、能迅速閱覽並掌握狀況，這個方法最容易理解。

假使書寫空間不夠而使得左右難以區分，可以用不同顏色的筆來書寫，或是用螢光筆來塗色。近來，有些手帳格式能寫入其他人的行程，善用這類產品也很方便。能在同個頁面中相互比對，就是值得你選購的產品。

▶ 別人的行程也變得容易查閱了

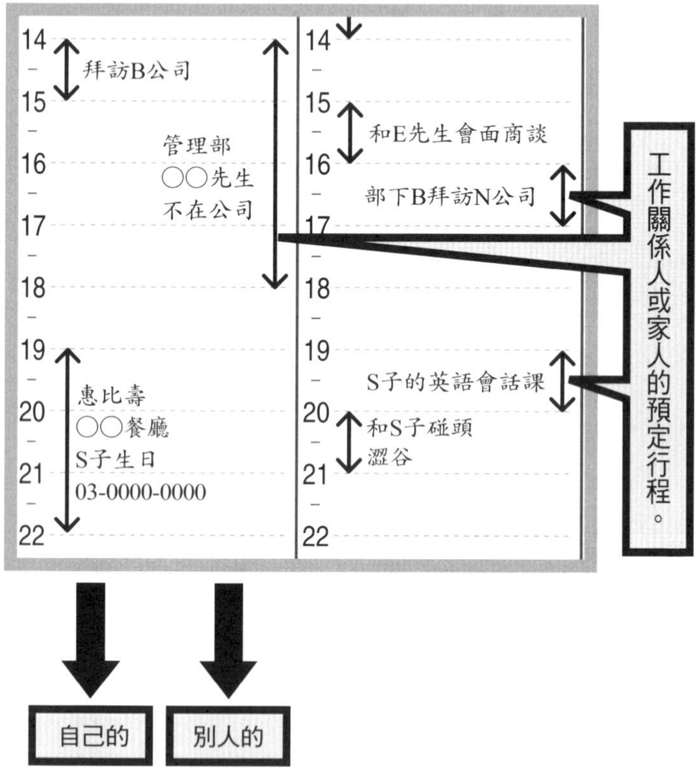

寫在右側，就不容易和自己的行程混淆。

若版面空間較少，可採用不同顏色的筆或螢光筆來區分。

25 步驟4：為每一天最重要的事，下一個大標題

若要用一句話形容「今天」，這會是怎樣的一天呢？你希望是怎樣的一天呢？只要設定目標，就能過著行動自如、多采多姿的每一天。為了實現這樣的目標，請試著**在行程最上方寫上當天的標題**。大部份的手帳應該都有這樣的空間。

我一貫的寫法是：A公司簡報日、研討會第一天……。沒有靈感的人可用當天的既定行程作為標題，就算時間尚未確定也無妨。舉凡「有薪年假」這類無需在意時間的日子、「福岡出差」這樣橫跨數日的行程，或是「繳費截止日」、「展覽會最後一天」這類在期限截止前絕不能錯過的事項，運用箭頭來搭配書寫就很方便。當然，重要人士的生日、健身房日也值得一寫。只要當你打開手帳看見標題，就能大略掌握這一天是怎樣的日子，這樣就夠了。

一旦決定行程的時間，千萬別忘記要立刻補寫在時間軸上。

▶ 寫上標題，讓每一天都是特別的日子

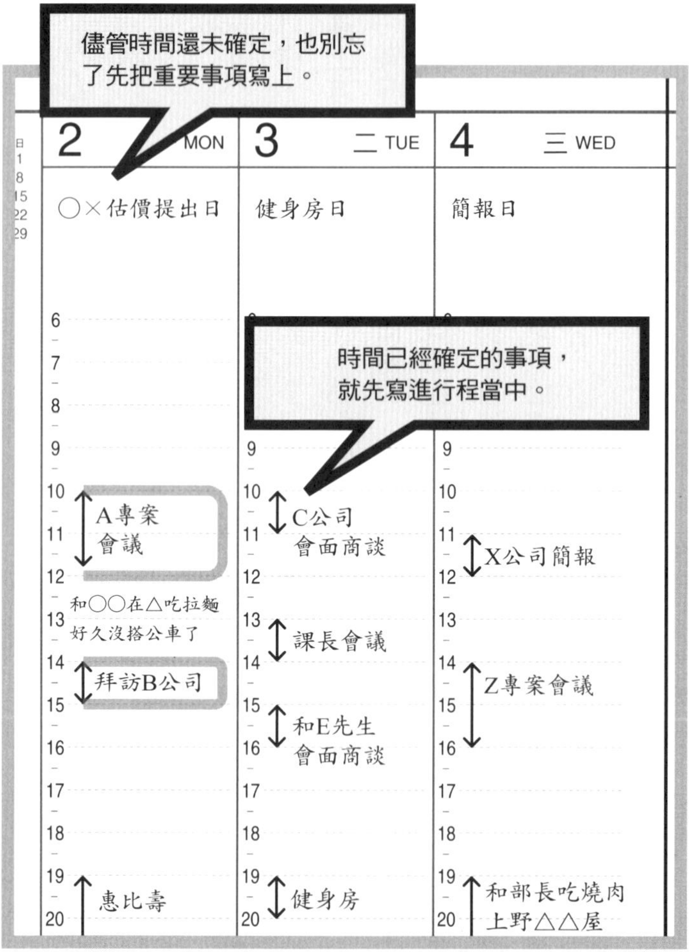

26 如何看出行程太滿？用「框框」圈出工作密度

書寫手帳有兩個時機點：預定與結果。多數人只寫了預定事項，實在相當可惜。為了更有效地管理時間，必須寫上結果，才能透過回顧活用時間。

首先是預定。請養成習慣，只要出現預定事項，立刻記錄在週間行程對應的日期與時間上。這看似基本，卻相當重要。如果行程的結束時間已確定，就**從起點到終點之間畫上一條箭頭**來表示。倘若時間還未定案，就預想結束時間，畫一條直線來取代，之後的預定事項就能簡單地排列組合。

接下來是結果。對於已完成的工作，**把實際開始和結束的時間框選起來**。看看行程是否比預定的還耗費時間，或是比想像中更快完成。透過圖像化的記錄方式，就能改善日後的行程安排。順帶一提，將框框視為實際完成的記號。換言之，當你進行一天的回顧，要是頁面上充滿框框，就明白這一天的行程密度頗高，反過來說，就是沒有喘息的空間。要衡量心境的從容或充實程度，畫上框框的確挺有效的，請您務必試試看。

”在麥肯錫，人們把筆記當成「思考的工具」或「解決問題的工具」來使用。

——麥肯錫管理諮詢顧問大嶋祥譽“

▶不只是預定事項，連同結果也寫上，才能展現手帳的價值

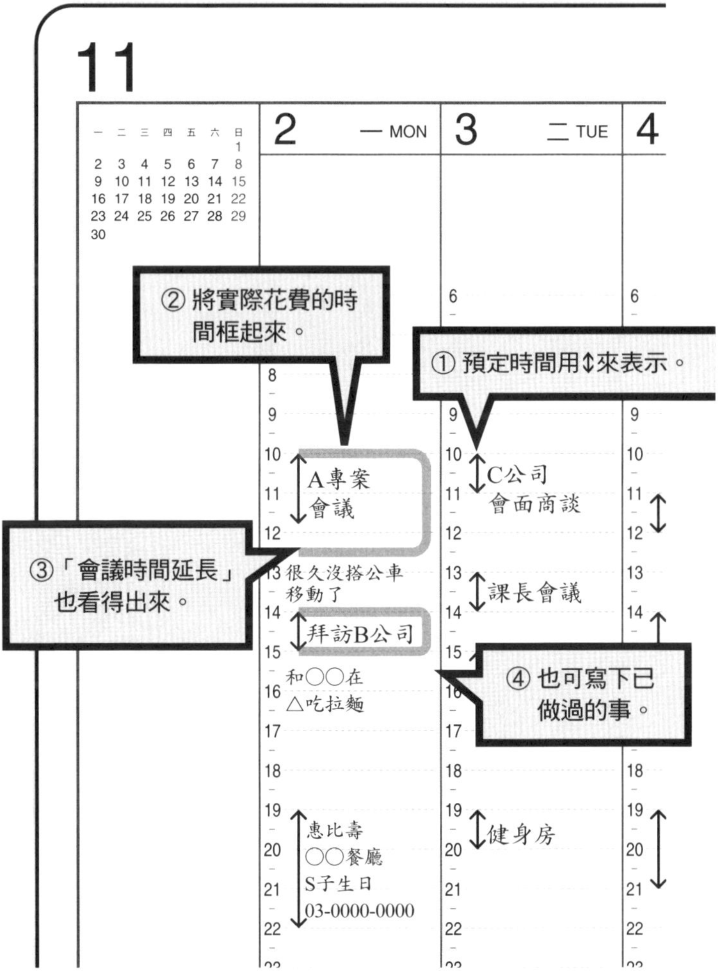

27 創造只有自己懂的專屬記號，除了防窺還能加快速度

書寫手帳時，重要的是如何輕鬆而迅速地記錄。

為了達成這個目標，不妨創造一些專屬於自己的記號，來縮短書寫的時間。例如：「商」＝商談、「企」＝製作企劃書、「暫」＝暫定事項、「TX」＝計程車、「地」＝地下鐵、「步」＝步行、「家」＝回家、「公」＝到公司上班等等。重點是要能直覺地判斷，也就是看到記號就能立刻了解意思。「T」是「電話」還是「團隊會議」的簡稱呢？如果讓自己搞不清楚，那就本末倒置。我曾聽過一個趣聞，有人將「商談會」的「會」誤認成「慶功宴會」的意思！所以，在設計簡稱時，別太勉強，**節省時間固然重要，但別過度簡略到要花時間去回想**，請以這樣的前提來設計專屬自己的記號。

此外，也要留意類似「▲」這種含義難以理解的記號。「☆」讓人覺得是重要的

▶設計一些能夠快速書寫、馬上明瞭的記號吧！

記號	意思
(起)	起床
(公)	到公司上班
(TX)	計程車
(JR)	JR電車
(地)	地下鐵
(徒)	步行
(商)(MTG)	商談
(企)	製作企劃書
(AP)	會面約定
(♡)	約會
($)	開銷
(暫)	暫定事項
(食)	聚餐
(Z)	加班
(家)	回家
(寢)	就寢

優點

· 書寫時間快。
· 能節省書寫空間。
· 即使在滿是文字的資訊當中，也容易查找。

然而，想在手帳中寫些「不想被別人看見的資訊」時，可以設計專屬於自己的暗號，再依循規則書寫。

做比較好。另外，若選用的色彩過多，導致瀏覽時搞不懂含義，反而會造成檢索不便，因此請參考左頁的規則設定，選擇簡單的幾種顏色即可。

”我並不在意有沒有一本「完美的筆記本」。合用的就是最好的。

——台灣畫家幾米“

▶顏色區分的規則，各有巧妙不同

3色規則（本書作者採用）

藍：公事。
紅色：私事。
綠色or黑色：依照自己訂定的規則，例如家人等相關事宜。

3色規則②

黑色：必須優先排定的行程，例如：工作。
藍色：自我投資的預定事項，例如：讀書、唸英文或慢跑等。
紅色：私人行程，例如：遊玩或休息等。
出處）2012年《HOBO手帳的使用方法》的週間格式篇

4色規則

紅色：重要事項。
藍色：工作。
綠色：私事、靈感筆記。
自動鉛筆：塗鴉、隨意筆記。
出處）斑馬有限公司（ZEBRA）《看看大家的活用術》

5色規則（如果記得住）

紅色：重要事項。
藍色：工作相關。
黑色：日常私事、每日固定工作。
綠色：非日常私事。
橘色：朝夢想前進的行動。

29 欄位寫不下？寫在空白處，但要畫線連起來

手帳的欄位空間有限，因此**在有限的空間中，請只寫下最必要、最低限度的資訊**。只要記入預定和結果，就能成為便於回顧的手帳。若在欄位中寫下過多資訊，會使得瀏覽困難、檢索不易，反而變成一大問題。

我建議將補充資訊寫在行程欄位的空白處，不過有人利用這裡記錄待辦事項。此外，用線條將相關資訊連起來，就更一目了然。

打個比方來說，若要和客戶聚餐，只要在欄位中寫下：「和A商事的B先生聚餐，燒肉C店。」要是還有空間，就寫下遲到時可能派得上用場的電話號碼。此外，可當作補充資訊的店家地址、最近的車站等，則寫在欄位外側，再用線條加以連接，這種使資訊圖像化的做法也不錯。

資訊過多並不可取，「順手一翻就能立刻看懂」的資訊量，才是恰到好處。

▶ 行程區塊要保持簡潔清爽

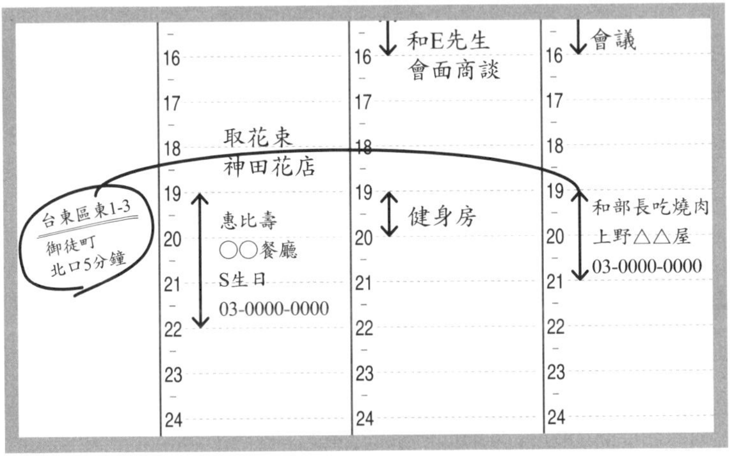

在行程欄位上寫出人、事、時、地、物，是最聰明的做法。不過，要是寫入過多資訊，反而造成頁面混亂，這時就拉一條線到欄位之外去寫。

例）會面商談

在行程欄位上寫出商討事項、參加者、地點等資訊。寫不下的內容就寫在欄位外，拉一條線連接起來。

例）聚餐

在行程欄位上寫出誰、事情、店名等資訊，就十分足夠。如果還有空間，可以寫上最近的車站或電話號碼等緊急聯絡資料。在欄位外頭寫上店家地址等資訊，將更加周全。

5 四 THU
6 五 FRI
7 六 SAT
8 日 SUN

第四章

學成功者「專案管理」的筆記規則

31 步驟2：用便利貼，為目標訂出具體任務清單

設定專案目標之後，試著製作任務清單吧。

請盡可能發想：「為了實現目標，應該做些什麼？」將想到的工作項目逐一寫在不同的便條紙上（一般紙張即可），並盡量具體地條列寫出：「到何時為止必須做哪些事？」、「需要花費多少時間？」、「由誰負責這個部分？」這些細節中不僅有自己的工作，同時也包含由他人完成的事項，例如：「一定要在哪天之前向誰訂貨」、「那個人會花多少時間來完成這件事」。

接下來，**將便條紙排列串接在一起**。此時需要留意：這是能和其他工作項目同時進行的「平行作業」，還是必須等到其他工作完成才能繼續的「直線流程」？請一面確認這些重點，一面排列便條紙。另外，也得注意：一個負責人是否得在同一天執行不同的工作？（有時有些工作可以在同一天進行。）你要做的就是這樣的排列組合。

▶製作你的任務清單

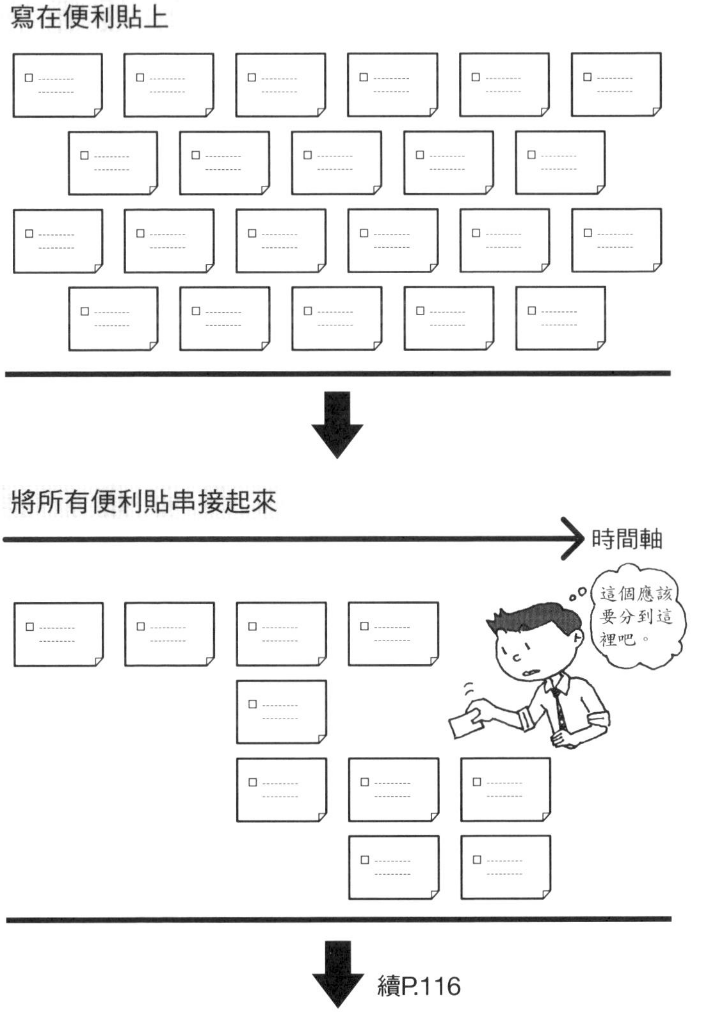
寫在便利貼上
將所有便利貼串接起來
時間軸
這個應該要分到這裡吧。
續P.116

▶ 專案進度可以化為圖像來觀察

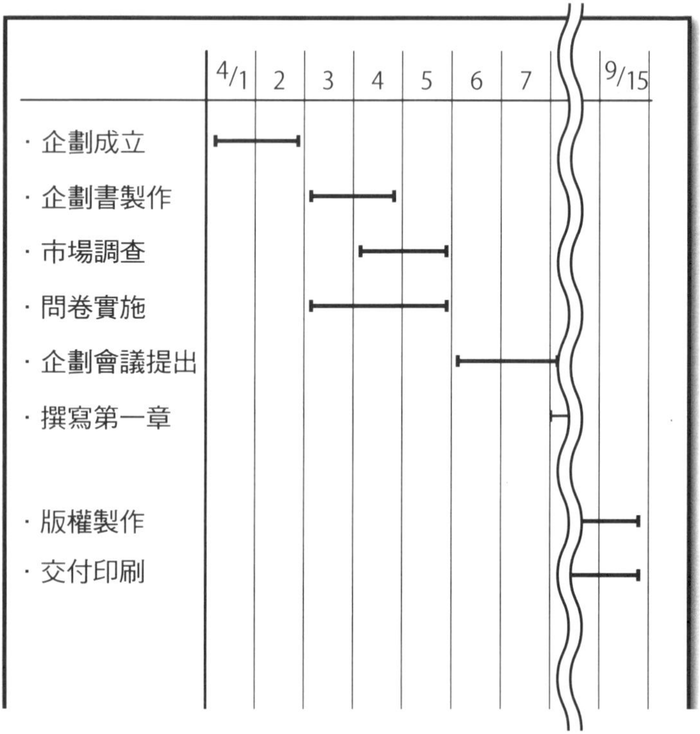

33 從目標往回推算，要記得預留緩衝時間

接著，把步驟2排定好的任務填入甘特圖。首先，請寫上最重要的目標（以工作來說，就是簡報日等事項），再將任務從最早開始的工作日依序填入。書寫時，務必留意以下的細節：每一項任務需要花費多少日程、負責人分別是誰等。

最關鍵的一點是**設定里程碑**。里程碑原本是古羅馬時代每隔一英里設置在道路上的標誌，在甘特圖上意指「段落」，表示若沒有在這天之前完成，會對之後的預定產生巨大影響。

當然，專案無法按照進度完成是常有的事，因此事先預設這個情況，設定緩衝日很重要。所以，里程碑是進行排程時最主要的重點。雖然你很難在里程碑這天進行工作補救，但可以透過它，來注意若是任務延遲，將帶來哪些問題。要這樣從目標或里程碑往回推算，將你的甘特圖編製完成。

▶ 後續就用手帳來管理

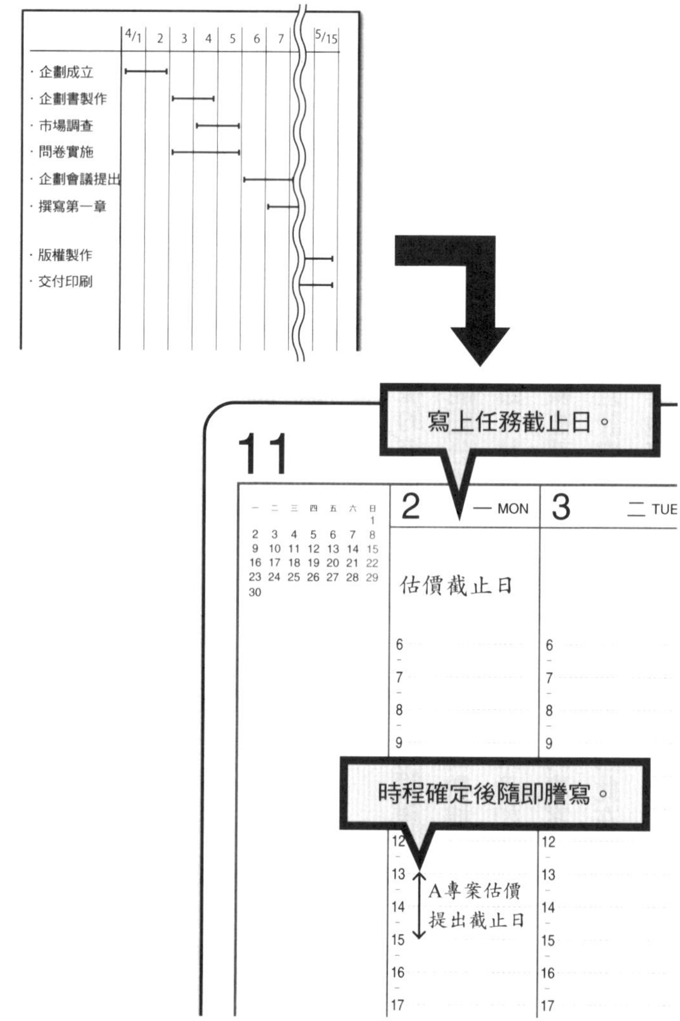

4/1 2 3 4 5 6 7 5/15
・企劃成立
・企劃書製作
・市場調查
・問卷實施
・企劃會議提出
・撰寫第一章
・版權製作
・交付印刷
寫上任務截止日。
11
2 一 MON
3 二 TUE
估價截止日
時程確定後隨即謄寫。
A專案估價
提出截止日

35 時間不確定的待辦、已約定的行程，要分開填寫

「行程管理」和「待辦事項管理」是兩件截然不同的事，因為計算單位不同。追根究底，行程管理是以日期和時間作為單位，而行程管理術就將已決定的時間和事項寫進手帳，讓自己一翻開就能看懂。待辦事項的單位則是應該做的事項。雖然在事項完成後，一樣都會將時間彙整記錄在手帳中，但這件事卻是什麼時候做都可以，只要在某時間前完成即可。因此，待辦事項管理和行程管理不同，很難用同一種單位和標準來區分。

舉例來說，「兩點去拜訪客戶」和「去郵局領包裹」這兩件事都是「去」，但記錄的位置不同。因此，**時間確定的事項要寫在行程欄位，時間不確定的事項則寫在待辦欄位，並利用空檔執行，才是最佳安排**。此外，行程欄位中最好不要寫入待辦事項，因為這表示絕對要在這個時間執行，管理起來不夠有彈性。

▶以「時間是否已經確定」來判斷

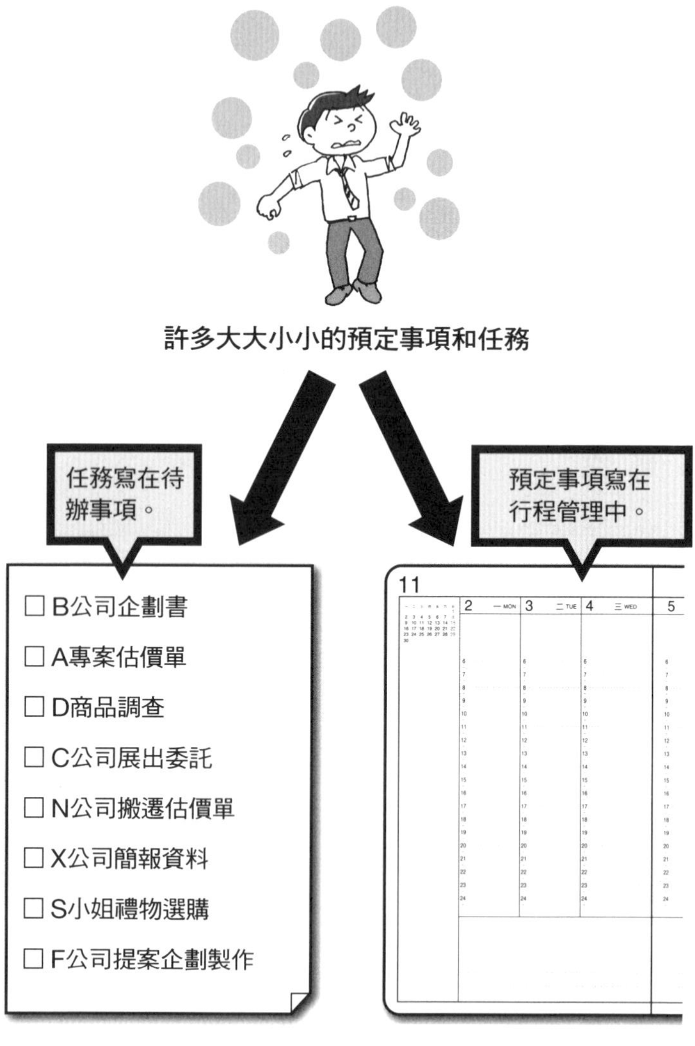

36 一個專案有許多待辦事項，該如何填入空檔？

將文字寫進行程欄位後，就再也不是待辦事項，而是必須在這個時間完成的預定行程。但經常會插進突發事件，使得工作無法順利完成。因此，我建議**將待辦事項另外書寫，依照緊急程度和處理時間排序，然後在空檔時逐一處理**。不過，優先程度較高的重要事項，最好還是事先空下預定時間。

儘管我把話說得這麼滿，但其實沒有什麼真正完美的管理方案。因為每個人的生活型態和喜好不盡相同，建議你最好還是多方嘗試，針對自己的需求設計出適合的方法。

如果你還是沒辦法做好待辦事項管理，其實是因為這個方法不適合你。為了解決待辦事項的管理問題，你要從下一節的管理基礎開始嘗試，進一步思考什麼方式最適合自己。

先從簡單的開始寫起，再針對需求提升等級。最重要的是，達成「有效率地處理事情」這個目的。

”筆記本是你的嚮導與師父。
——文藝復興時期博學者李奧納多·達文西“

▶找出空隙時間，再做行程預定

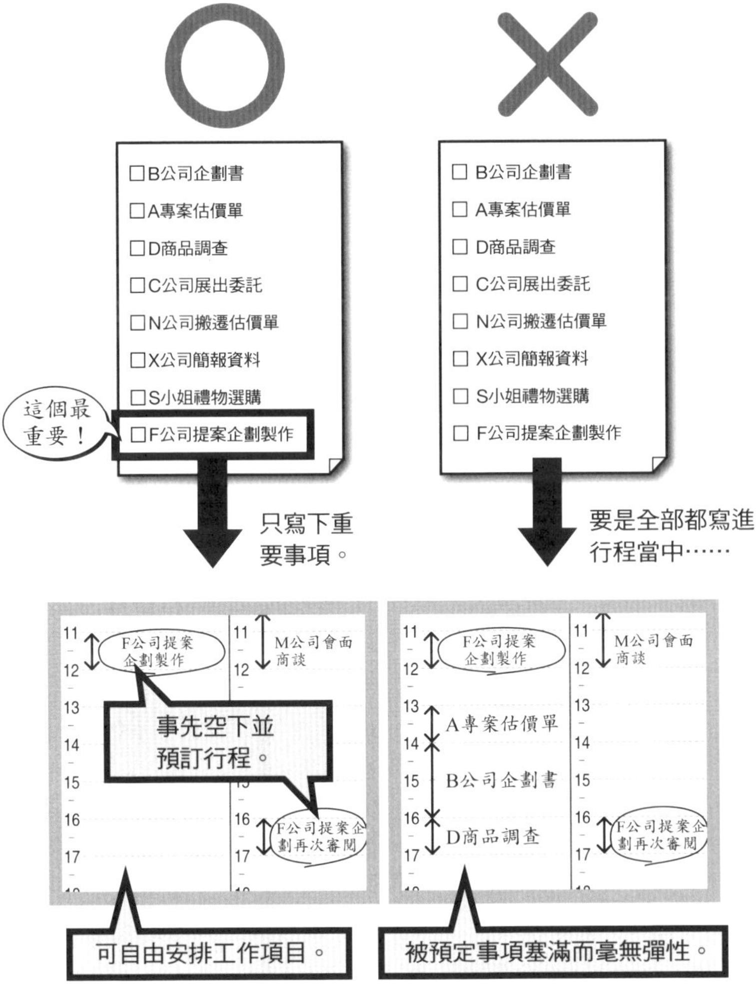

37 實作流程：7技巧，製作自己專屬的待辦事項管理法

接下來，介紹待辦事項的各種書寫方式與優缺點。請在參考後找出適合自己的方式。順帶一提，有些人是「便條紙派」，有些人是「紙張與手帳派」，有些人則是「數位派」。總之，選擇自己方便執行的方法即可，我也是依據狀態來選擇不同的方式。這次要介紹的是，如何運用便條紙、紙張、手帳，來書寫待辦事項。

② ☐ B公司企劃書
① ☐ A專案估價單
⑧ ☐ D商品調查
④ ☐ C公司展出委託
③ ☐ N公司搬遷估價單
⑦ ☐ X公司簡報資料
⑤ ☐ S小姐禮物選購
⑥ ☐ F公司提案企劃製作

①寫出來

首先準備一張Ａ４紙，直向地畫出許多□（方框），把待辦事項細分後，寫在□後面。接著，在□左側（或裡面）依照優先順序填入數字，並依序執行，完成後再進行確認。或許你會覺得：「這樣就可以了嗎？」一開始的確只需要完成這個步驟，如果什麼都不寫，就無法開始。認為「這麼做就足夠」的人，做到這裡即可。認為不夠的人，請繼續往②看下去。

②製圖

在紙上畫一個十字，分成四等份。縱軸是重要程度，橫軸分為公事和私事。在四個象限裡畫上□，並填入符合象限條件的待辦事項，□左側寫上優先順序的數字。接著，將紙張左

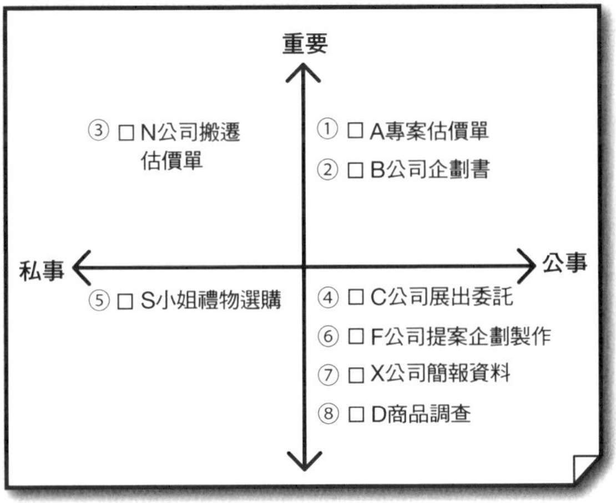

右對折，執行公事時只專注在公事上。想進一步在手帳上這麼做的人，請繼續往③看下去。

③用手帳處理待辦事項

將待辦事項寫在手帳的左方空欄位中，公事用藍色、私事用紅色，來區分並書寫。重要程度較高的從上開始寫，較低的則從下開始。接著，將優先程度寫在□左側，處理公事時，看上方的藍色文字依序執行。如此一來，利用手帳來處理待辦事項，這麼做就十分足夠。希望更進一步活用的人，請繼續往④看下去。

④提升執行力

將③寫好的事項分別寫在便條紙上，接著從優先程度最低的開始，依序貼在手帳邊框或個人電腦的螢幕邊緣，如此一來，優先程度最高的事項就會貼在最上層，完成一件事後，取下該便條紙，繼續處理下一件。想要更有條理地進行管理，請繼續往⑤看下去。

⑤資訊細分化

書寫手帳時，請寫上執行地點和完成期限，接著以執行地點來統整，例如：公司座位、公司內、外出時、超市、家裡等。這樣能省去在不同地點間移動的工夫，像是「忘了去超市買東西，結果又得折返」的疏失能因此減少。希望更進一步達到ＰＤＣＡ循環的人，請繼續往⑥看下去。

⑥預計時間

先寫入預計時間，在事情處理完成後，再將實際花費的時間記錄下來，有助於下一次的時間推估。在已過完的週間時間軸上，將花費的時間一起寫上。如

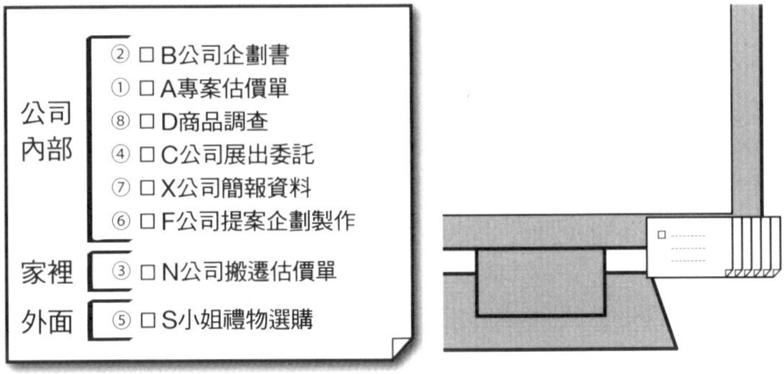

此重複執行，就能讓預計時間和實際時間的差距逐漸縮小。想利用便條紙來完成待辦事項的「終極流派」，請繼續往⑦看下去。

⑦終極流派

以執行地點來做管理，利用多種顏色的便條紙來書寫（例如：藍色代表工作，黃色代表外出等），接著畫好□，再寫上事項。左側寫優先順序，下方則寫預定時間、截止時間等資訊。將這些事項統整好後，就能專心逐項處理。

雖然有這七種方式，但每個人適合的做法不盡相同，當然還有其他方式，因此請創造出一套專屬於自己的待辦事項管理法。

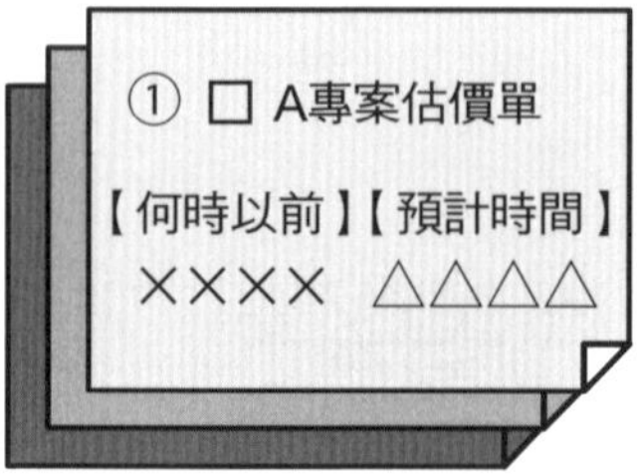

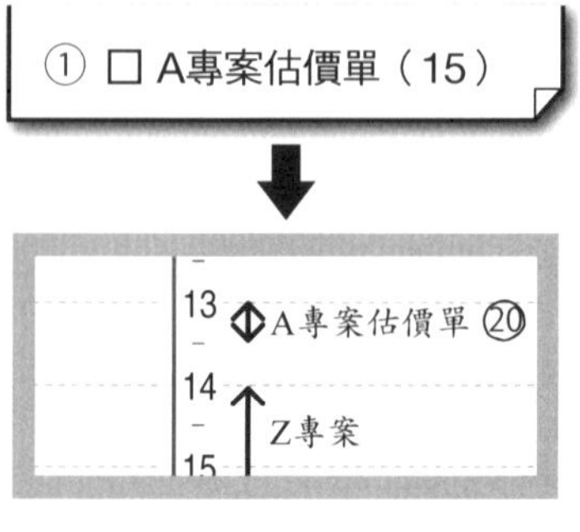

Date ／ ／

5 四 THU
6 五 FRI
7 六 SAT
8 日 SUN

第五章

學成功者「靈感創意」的筆記規則

38 別將重要的靈感、MEMO和行程寫在一起

隨筆是我們的寶物，蘊藏著能發展成靈感的可能性。雖然每個人的筆記方式不同，但為了發揮隨筆的功用，最重要的是，**將隨筆資訊的存放位置和行事曆完全分開**。

因為，一旦將隨筆寫在手帳的行事曆區域後，這個資訊到了下一週就不會再翻閱，到了下一年度，只會封存在抽屜裡，很難再進行回顧。隨筆和靈感，不知道在何時會成為啟發我們未來的關鍵，搞不好幾年後就可能實現。多次回顧能讓靈感變得更明確，所以創造一個即使經年累月也能隨時翻閱的地方，是非常重要的。

因此，請將靈感記錄在專屬筆記本，覺得分開攜帶很麻煩的人，可將靈感筆記本直接插入手帳中。行事曆是自己的行動記錄累積的位置，而靈感筆記本則是自己的智慧積聚的所在，兩者性質截然不同。**重要的隨筆或靈感，沒有使用期限。**

▶ 靈感和隨筆要放在同一個地方

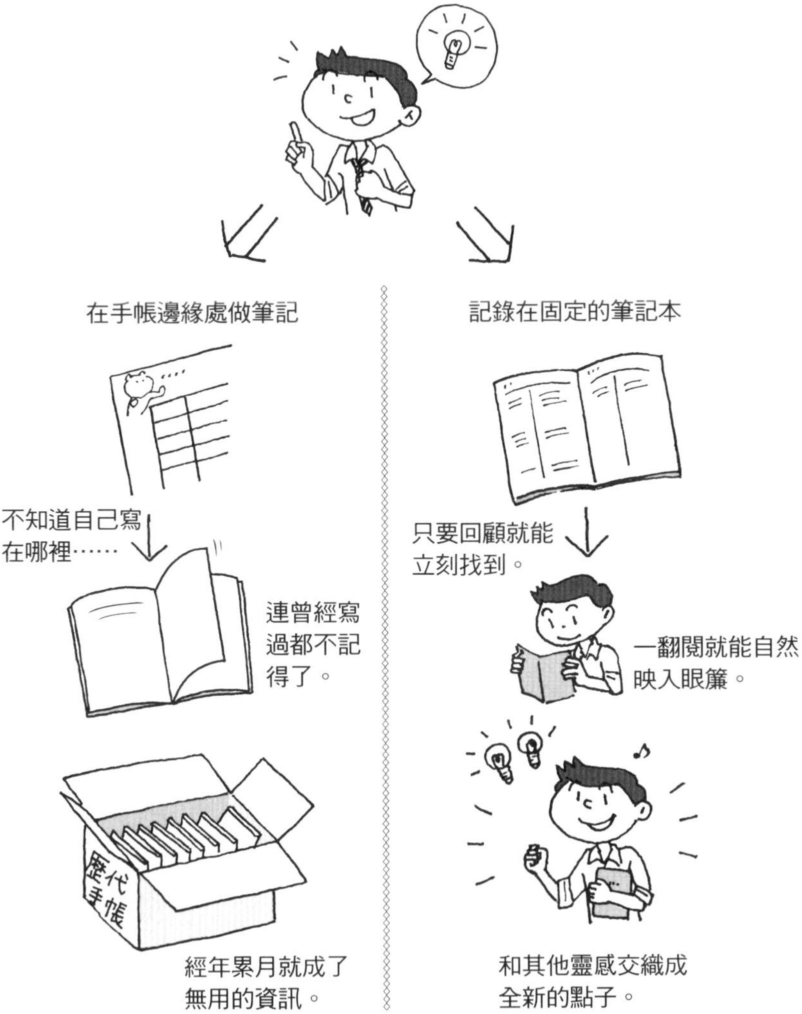
在手帳邊緣處做筆記
不知道自己寫
在哪裡……
連曾經寫
過都不記
得了。
歷代
手帳
經年累月就成了
無用的資訊。
記錄在固定的筆記本
只要回顧就能
立刻找到。
一翻閱就能自然
映入眼簾。
和其他靈感交織成
全新的點子。

39

3步驟，將神來一筆變成「濃縮的知識筆記」

話雖如此，但有些人平常沒有帶筆記本的習慣，或是帶了，卻偏偏在想寫東西時找不到，因此隨手寫在免洗筷包裝袋或消費明細上。然而重要的是，之後要如何運用這些隨筆紙張。所以，希望你務必記得將它們放在錢包等固定的位置，再轉貼或謄寫在筆記本中，一天一次即可。這種做法或許司空見慣，但單憑做和不做，就能讓這些資訊的運用方式大為不同。當然，如果手上沒有紙筆，可以先輸入在手機的備忘錄APP中，之後再謄寫。

如此累積下來的隨筆，將變得相當有份量，其中包含真正重要的資訊和一次性資訊，由於程度迥異的內容混雜在一起，因此必須製作提升資訊密度的濃縮筆記。將你人生中必要的情報、某天可能用得上的資訊，都整理進筆記本裡。只要看見知識的增加，就能感受到知識累積的喜悅。透過提升求知欲，你會學到更多知識。

▶資訊是彙整、推敲後才具有生命力

隨筆　■知識的片段

・附有原子筆的小型手帳
・便條紙
・報章雜誌的剪報
・網路列印資料
・用iPhone擷取螢幕的內容
・免洗筷袋子……

總之，就是全部能夠稱作「資訊」的資訊。

概略筆記　■知識的片段

將散亂無系統的隨筆，逐一記錄與黏貼在概略筆記本當中。

筆記本尺寸不宜太小。

筆記本的尺寸固定，才能持續使用。

在封面上標記筆記本號碼、頁數和日期，用時間順序加以管理。

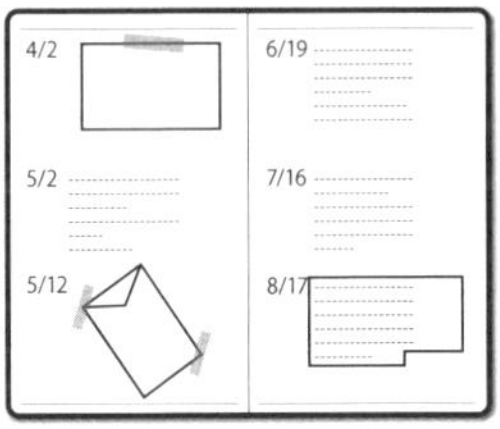

濃縮筆記　■知識的整理

從概略筆記將真正需要的資訊萃取出來，加以記錄。

只要偶爾回顧，就能成為自己的人生啟示。

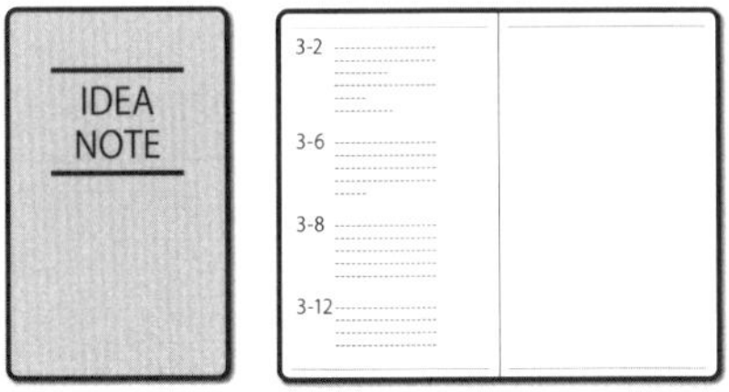

40

那段名言找不到？凸顯日期和標題，3年後也能找到

隨筆可不能只是「寫」。為了提升檢索效率，**請不要忘記在固定位置寫下日期和標題**。當你翻閱時，能馬上明白那則隨筆的內容，這才是最重要的。

如果可以，建議你以「一個主題一頁」的模式分開書寫。查閱筆記時無須移動視線，只需看上方寫了日期和標題的部分即可，十分有效率。然而，這種做法對我這小氣鬼可行不通，因為很浪費空間。時常，許多靈感只有短短一行，不僅會浪費剩下的頁面，筆記也會增厚，對我而言實在頗有壓力。

經過百般思索，我得出一個書寫技巧，那就是在筆記本左側畫上一條直線，線條左方僅寫上日期和標題，當一則筆記書寫完成，就在下方畫一條分隔線。

這樣一來，即使左右兩頁寫著不同主題的筆記，也不會感到繁雜；在查找資訊時，只需查看左側即可。儘管檢索時視線必須移動，但這樣不僅能降低翻閱次數、減

▶容易查找的筆記書寫方式

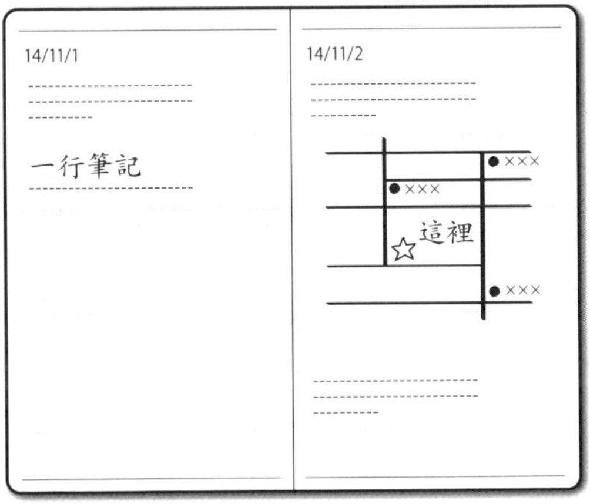

以「一個主題一頁」的方式分開記錄。
在頁面上方寫下日期和標題。

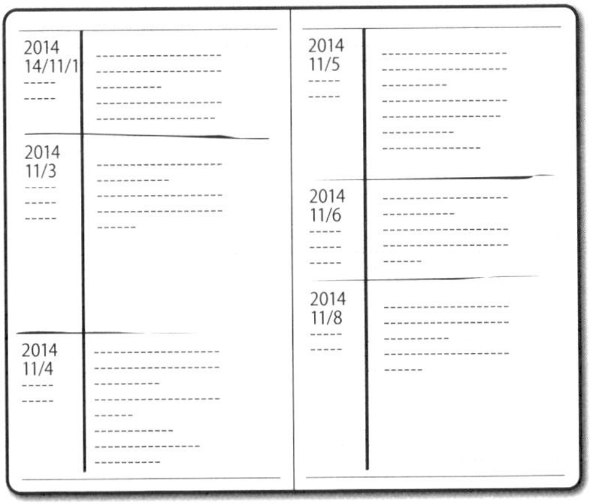

在市售筆記本上畫入直線，左側只寫上日期和標題。
務必連同年份一起寫上。

少不必要的空間浪費，而且整齊的頁面能讓心情更為穩定。

"把思考過程寫在紙上自我辯論，鍛鍊解決問題的思考力，人生各方面都受用無窮。

——美國總統歐巴馬"

41 超快閱覽術！只要註記資訊來源與地點，立刻喚起記憶

當你回顧隨筆時，是不是曾有過「咦，這是什麼意思啊」的經驗？過去我常發生這種情況，在便條紙上留下謎樣的話語，簡直是暗號或死亡訊息。**想不起來的隨筆毫無意義**，因為這等於放棄了資訊未來的可能性。

承接先前的章節，我再推薦你一個做筆記的方式：**寫上人（或情報來源）和地點**。尤其是人，我推薦一定要寫。這則隨筆是和誰在一起時寫下？從誰那裡聽到才寫下？在哪一本雜誌裡看見？身處何地時寫下？只要寫出諸如此類的重點，之後就能回想起資訊內容。即使想不起來，也能詢問告知自己資訊的那個人。總而言之，為了不要讓資訊成為無用訊息，關鍵是要串連各式各樣的情報。

▶ 只要一行就喚起你的記憶

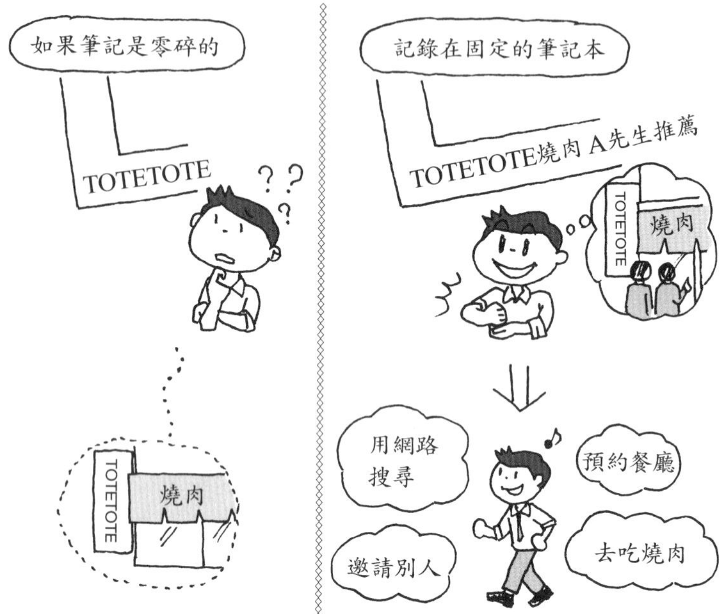

在你腦中將成為
無用的資訊。

就能採取下一個行動！

42 主管說話太快？用圖像與時間軸，讓會議記錄更完整

和隨筆幾乎同性質的會議記錄，可以**透過固定規則，讓回顧變得更加容易**。

首先，請務必在頁面左上方寫好日期、時間、地點和標題，接著從自己的視角來畫出座位圖，比較能回想起會議當時的情況。在與會人士名字旁做記號，**利用這些記號來取代發言者姓名，依照發言順序來記錄內容**。

為什麼要依照發言順序？這是為了在事後瀏覽時，能夠理解會議的經過流程。另外，可以用螢光筆，在結論或關鍵字上畫記重點。

當然，比起逐字逐句地寫，將重要的發言內容做個濃縮記錄比較輕鬆，利用手機等器材保存錄音檔也是不錯的辦法，若有來不及記下的部分，可以在事後確認。搭配發言時間一起記錄，不僅能快速查閱，也能確認前後的各個發言。（但錄音須經當事人同意，請事先確認。）

最後，以條列的形式，整理出決議或下次會議應做的事項，之後只需將整份會議記錄拍照留存，分享給與會人士就完成了。

“我是個超級筆記狂，在手帳上鉅細靡遺記錄經營事項。”

——韓國三星集團創辦人李秉喆

▶運用圖像化和時間軸，讓會議記錄變得完整

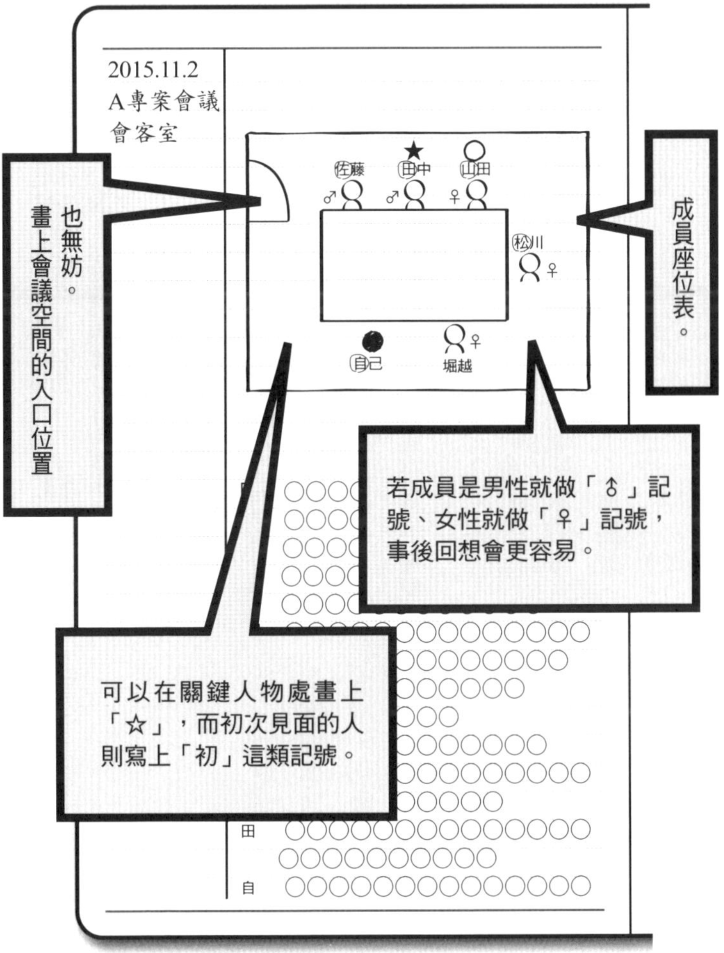

43 超級檢索術！在手帳上註記號碼，3分鐘調出會議記錄

為了做會議記錄，有些人會選用右頁空白的左側式手帳。將會議記錄寫在當週的欄位中，的確能讓資訊一目了然，然而該次商談的內容，只需區區數十行的空間就能寫完嗎？如果寫超過了，繼續記錄的資訊會被放在不同頁面中，那麼使用左側式的意義便蕩然無存。我建議各位**將會議記錄寫在其他筆記本中**，無須在意空間，可以隨心所欲地寫。

「不過，事後會很難查閱吧？」或許會有人這麼說。當然，標註日期就能便於檢索，不過有一個更聰明的辦法，就是在**筆記本的每一頁標註頁碼**（本書附錄將介紹相關的便利商品），然後在筆記本封面寫上流水編號。如此一來，只要在手帳週間頁面上對應到的行程位置上，寫出代表「第三本第二〇頁」的代號「3-20」，就非常容易查閱。只需花一點小工夫，會議記錄的運用方式將變得大不同。

▶有了頁碼，檢索性就更上一層樓

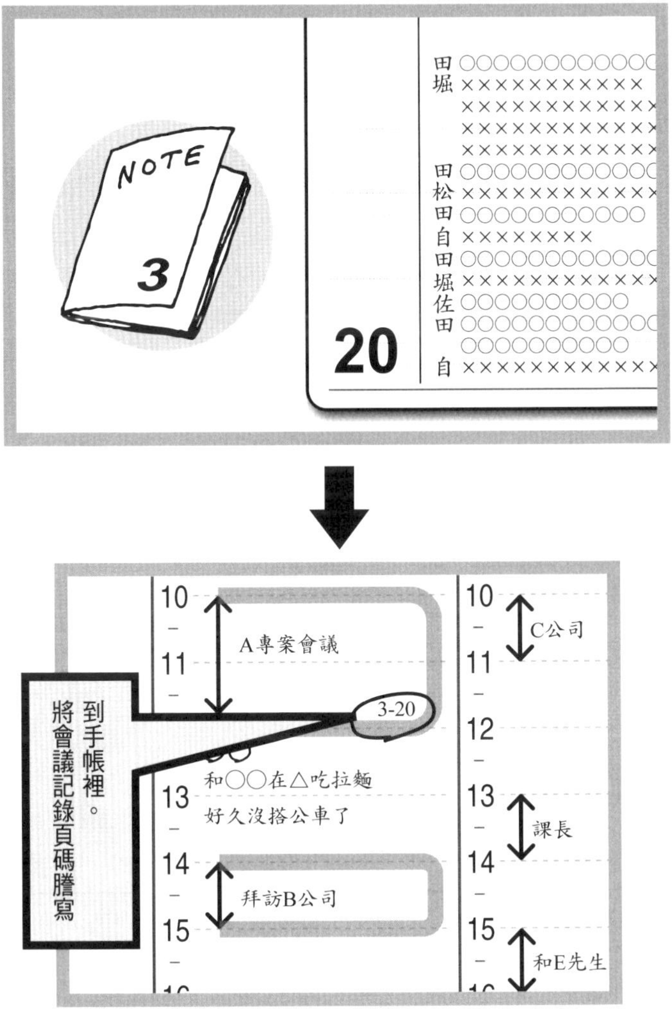

44 實作流程：5技巧，瞬間搜尋到手帳中的任何資訊

隨心所欲地把靈感寫在筆記本裡，有一個缺點，就是資訊量會隨之暴增，使得檢索效率變得低落。因此，未必要從筆記本的第一頁開始寫，建議把它當成檢索頁，改善查閱效率。

簡單來說，就是從第二頁開始寫。當筆記累積到一定程度，變得不易查閱時，著手製作第一頁的索引。**一行寫一個類別，然後在對應不同主題的高度，貼上紙膠帶，或是用螢光筆做記號**，索引頁便輕鬆完成。之後，只要在第一頁找想搜尋的主題，再找到做好記號的頁面即可。任何筆記本都適用這個方法。

如果沒做索引頁，就必須翻閱整本筆記本，然而若做得太複雜，反而會花時間在查找上，概略的製作才是真正恰到好處。

▶ 把筆記本的第一頁當作索引頁

② 寫上類別
③ 用螢光筆塗色。
① 畫線。

④ 在相同高度的位置上，用螢光筆塗色。
即使文字寫在左頁，也用右頁作索引標籤。

⑤ 從側邊延伸，檢索變得更加容易。

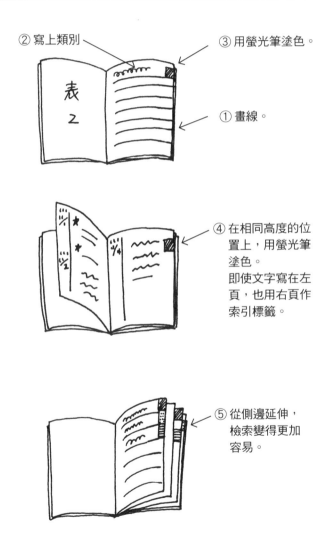

5 四 THU	6 五 FRI	7 六 SAT	8 日 SUN
6	6	6	6
7	7	7	7
8	8	8	8
9	9	9	9
10	10	10	10
11	11	11	11
12	12	12	12
13	13	13	13
14	14	14	14
15	15	15	15
16	16	16	16
17	17	17	17
18	18	18	18
19	19	19	19
20	20	20	20
21	21	21	21
22	22	22	22
23	23	23	23
24	24	24	24

第六章

學成功者製作「雜事清單」的筆記規則

45 用「三行日記法」，回顧今天、為明天增添動力

現在回顧小學時幾乎天天寫的日記，許多往事會湧上心頭，像是「發生過這樣的事啊」、「那時的想法還真是幼稚」、「這觀點還挺成熟的嘛」。過去的事都歷歷在目，鮮活起來。

據說，人類的大腦能將所有見過、體驗過的事，全部記錄下來，只是在生活的同時，也具備忘記的能力，才能正常地度過每一天。忘記是人類的絕佳才能，因此若要開啟記憶的迴路，需要一點契機。

儘管如此，在這個忙碌的時代，每天寫日記既辛苦又麻煩，因此我提議只要在週間或月份行程處，寫下簡短的三行日記即可。不單純只寫做過的事，要寫呼應做過的事，而**有所發現**、**學習**、**感動**、**努力**、**喜悅或反省的心情**，使它成為資訊量深厚的日記。當再度回顧時，不僅能回憶起發生的事，更能成為邁向明天的動力。

▶ 簡短的三行，將在未來產生意義

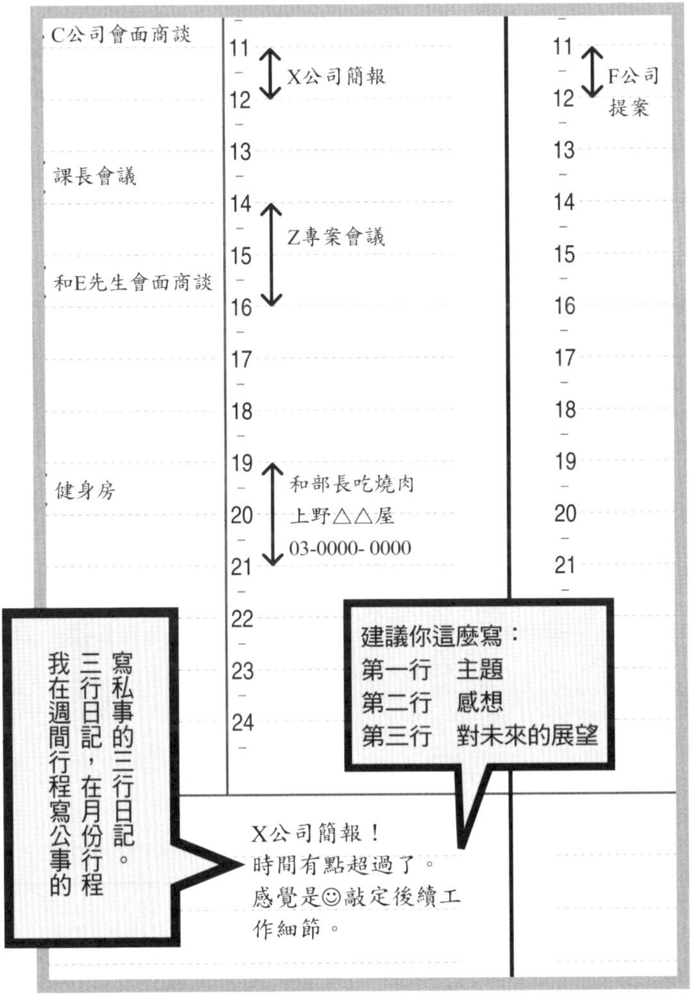

46 用「感情記錄法」，10年後也能看到甜美回憶

寫在手帳中的情感，能讓我們回憶起當時的情境。將快樂、歡笑、憤怒、後悔、哭泣的事，全部寫進手帳裡，是非常有效的做法。以後回顧時，能讓我們**客觀地看待過去**：「原來那時候我這麼想，果真是乳臭未乾」、「正因為有那時的眼淚，才有現在的我」等等。

要是沒有這樣的記錄，有時會發生「我曾經那樣想過嗎？」的事，將回憶忘得一乾二淨。明明是難得能讓自己成長的機會，不寫下來很可惜吧。若能用一言以蔽之的方式，記錄發生的事或感想，對未來的自己必然有所幫助。

為了讓自己在回顧時能瞬間明白當時的心情，得花費一點心思。不妨利用符號來記錄心情，畫幾個微笑符號就很足夠，運用貼紙更能一目了然。只要每天寫下二至三件快樂的事，你的人生將變得更多采多姿。

▶心情能立即讓你回想起「那一天」

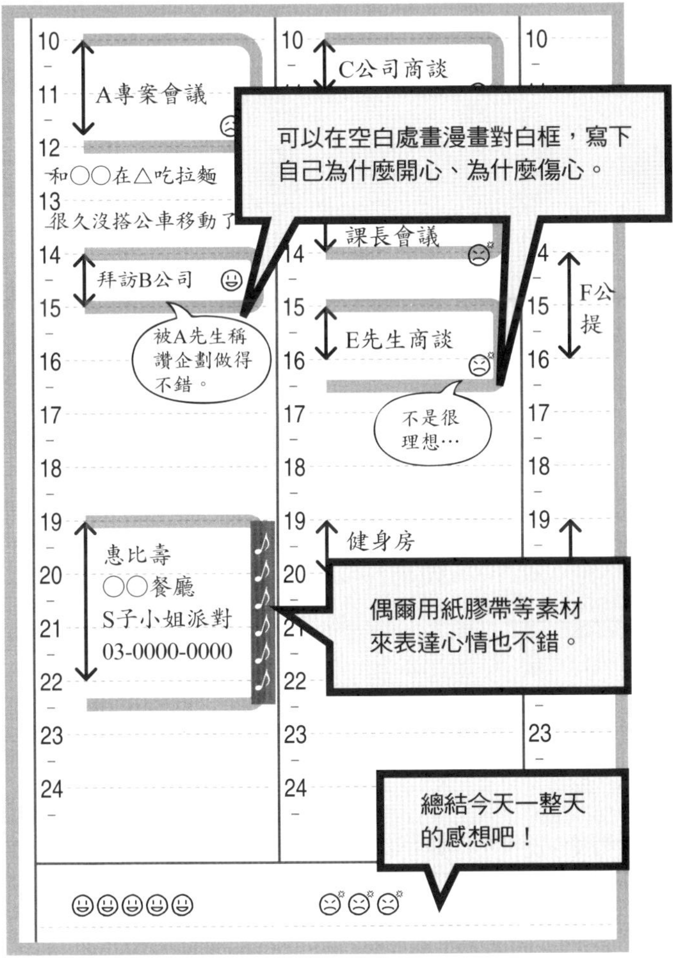

我的做法是將公、私事的情緒分開書寫。

47 用「金錢加總法」，發現哪裡還有省錢的空間

關於記帳，建議你用手帳進行。其目的有兩個：① **瞭解金錢流向，進一步做到節約**。② 翻閱時**比較容易回想當時的情景**。

首先是①，只需將「今天花費的總計金額」記錄在手帳裡即可。寫法是將金額寫在週間行程的時間軸區，接著將一日總計寫在下方，再來是當週總計，最後以月份為單位來計算。像是瓦斯費、水費等每月定期的固定支出，則另外記錄，以解決帳目都偏重在某個類別的問題。

此外，更能幫助你省錢的寫法，是將花費分為「消費、浪費、投資」這三項來記錄。「現在想花掉的錢真的必須花嗎？」、「難道這真的不是無謂的浪費嗎？」藉以提醒自己節省，便能積少成多。

接著是②，忽視平常小筆的購物帳目，只在特殊消費時寫上品名和金額。當你

▶ 僅僅透過書寫，也能在記錄中發現省錢的可能

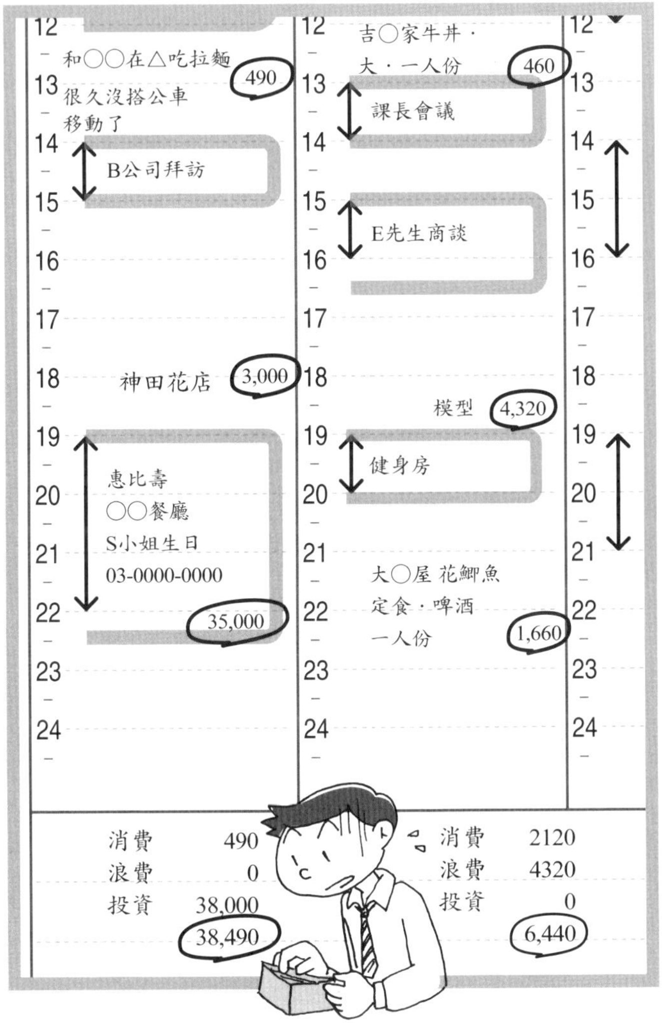

回顧手帳時，這些數字將成為容易回想的有用資訊。

當然，近來有許多方便的記帳軟體，直接用來管理帳目也不錯，但在紙上手寫一次，用看得見的數字來記錄，便能進一步掌握生活現況。

”記筆記，只要持之以恆又有重點。將會發揮驚人的力量。

——日本管理學家及經濟學家大前研一“

48 用「飲食日誌法」，既能控制身材又能擴展人脈

說到飲食日誌，在日本有個知名APP「Recording Diet」，使用者可記錄每日飲食內容、卡路里和體重，**讓自己對攝取的食物有所自覺，進一步改善飲食生活、達成飲食控制**。對於想進行減重的人來說，記錄飲食相關資訊是十分簡便有效的方法，但對於目的不在減重的人來說，似乎沒什麼實質的好處。如果用餐地點是像米其林星級餐廳那樣，吃了能留下記憶的店家，則另當別論。但一年後，就算看見軟體中寫著「燒肉」，老實說不僅沒印象，也不過是可有可無的資訊。

在此，**建議一併寫下「和誰吃了這頓飯」**。不是只在手帳中寫下「燒肉A店」，而是記錄「和同班同學B去燒肉A店吃飯」，如此一來，連同店家的感覺、聊天內容都能回憶起來。

所謂「飲食」，是「和誰吃了」之後才有意義。反之，要是每天都寫著「便利商

店便當，一個人」，難道不覺得很可悲嗎？在我們剩下的五十年壽命當中，明明還有三百六十五天×三餐×五十年＝超過五萬頓飯，實在沒有比虛度飲食生活更可惜的事了。

手帳能成為豐富人生，改變行動的有力推手。

”寫筆記當樂趣，任何紙都能拿來寫記錄。

——維京集團創辦人理查．布蘭森“

▶ 今天和誰吃了什麼？

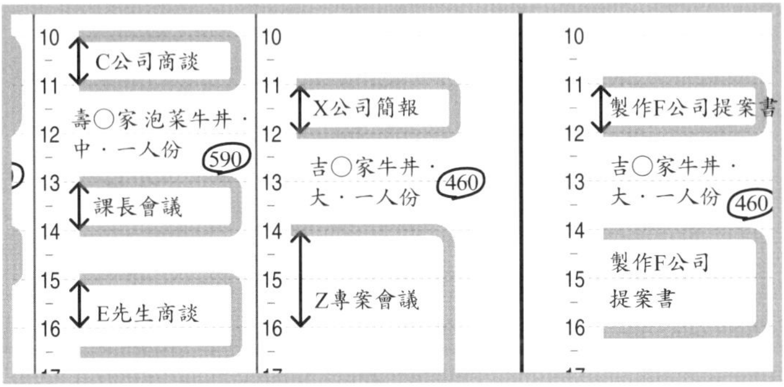

寫下飲食日誌，就能產生想要改善的心情。

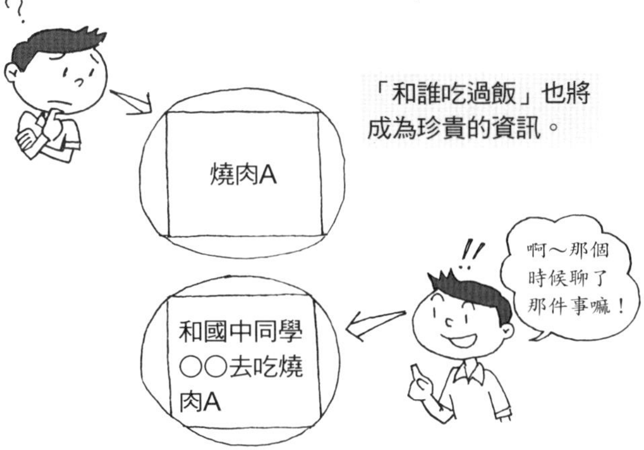

「和誰吃過飯」也將成為珍貴的資訊。

49

創造自己的「資訊清單術」，比 Google 更有效率

在手帳最後通常會有交通路線圖、國際時差表、年齡年份對照表或單位換算表等附錄，大多是共通的資訊，並不一定是自己想要的內容。因此，不妨動手製作專屬於你的清單頁。在行程管理之外，作出自己的資訊清單，不僅能讓手帳真正成為屬於自己的工具，還能讓行動更有效率。

比方說，工作上經常使用的交通時刻表、客戶窗口的姓名和職稱、公司內部用於管理的客戶統編、從公司到客戶那離最近的車站和車資、自己手上負責的商品型號、公司的組織圖及孩子的課表等這類的資訊，都可以自行列表，書寫或列印貼在手帳的空白頁，讓它**成為專屬於你的便捷附錄**。

重要的是，**要為目的性清楚的資訊，事先做好列表的位置**。如此一來，不僅能立即查閱，也更加便利而迅速。從下個單元開始，將介紹所有人都用得上的資訊清單。

▶ 創造一本內含「只對自己有幫助的資訊」的手帳

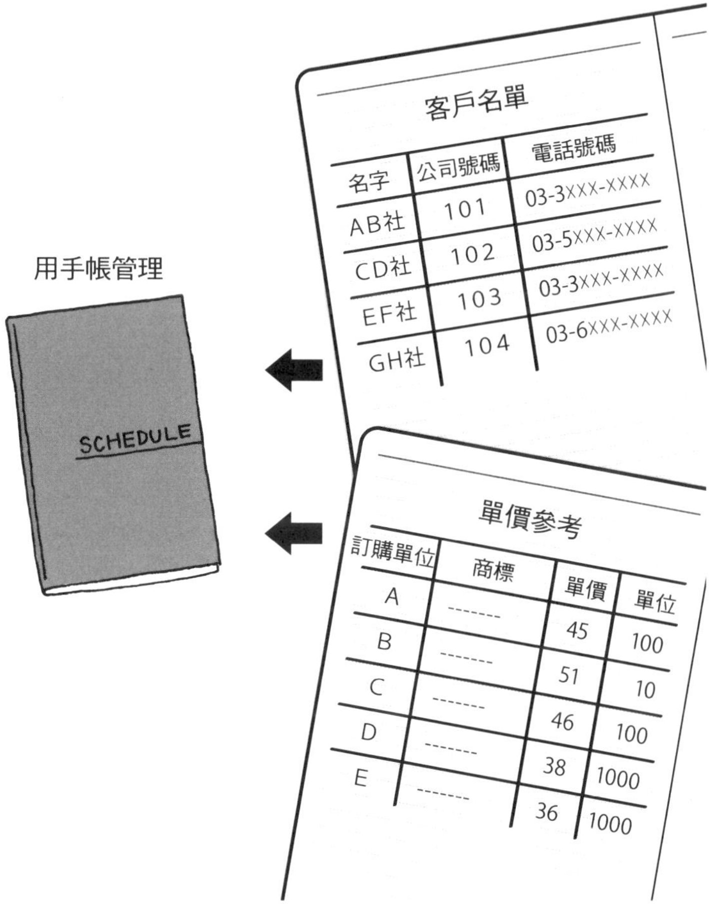

50 清單實例①
記錄上司或同事推薦的事，為職場加分

在商議或聚餐席間，經常會聽到前輩說：「我很推薦那家店」、「那個案子先調查一下比較好」之類的建議，於是心想「好！哪天來做這件事」，就在小紙片或手帳角落做筆記。但是，那張紙卻不小心遺失，又或者是雖然寫在手帳裡，到了下一週也不會再往前翻，結果沒再看過第二眼，就這麼拋諸腦後。你是否總是落入這樣的窘境？

先前已經提到很多次，**資訊若是不加以回顧，便形同無用的訊息**。

在此建議你**製作「待做事項」清單頁面，將情報匯整在一起**。重點並不只是寫上想做的事，而是要**將「推薦人的名字」也一併寫上**。

理由有二個，第一個是當自己無法想起資訊細節時，可以再次詢問推薦人，只要誠懇地探詢，就不會給對方不舒服的感覺。

▶ 將推薦好東西給自己的人名寫上吧！

第二個則是在實踐對方提供的建議後，還能進一步回饋感想。對方肯定會認為：「他真的去做了我說的那件事啊，那下次就再推薦別的給他」，於是傾囊相授其他能提升你能力的情報。要活用情報或扼殺情報，端視你心中怎麼想。

"只要想到或看到任何有趣的點子，我就會馬上記下來。

——全球暢銷作家J．K羅琳"

51

清單實例②寫下想看的書籍，澆出人生養分

人生的時間有限，該如何有效地運用時間讓自己成長，取決於你的行動。我認為**要讓自我成長，有四大重要的相遇：**①和擁有各式各樣想法的人相遇。②出門旅行，和有別於日常的生活相遇。③和陌生的文化相遇。④和麻煩事相遇。

在③和陌生的文化相遇中，最快的方法是看好書和好電影。書和電影是讓我們用短短幾小時，就能虛擬體驗某種人生或思緒的絕佳媒介。因此，將想看的電影或書籍列成清單，當你走在出租店或書店裡，就不必費心去想「該選哪一部、哪一本好呢？」或「這是什麼作品？」要是不順利，你可能得花上一小時來挑選。花短短五分鐘迅速租借，將時間都用在觀賞作品上，就不會造成無謂的浪費。當然，將已看過的作品集結成清單也很有效。透過回顧自己至今累積的種種相遇，不僅妙趣橫生，也必然能成為你的人生養分。

▶ 記錄下能讓自己成長的書和電影吧！

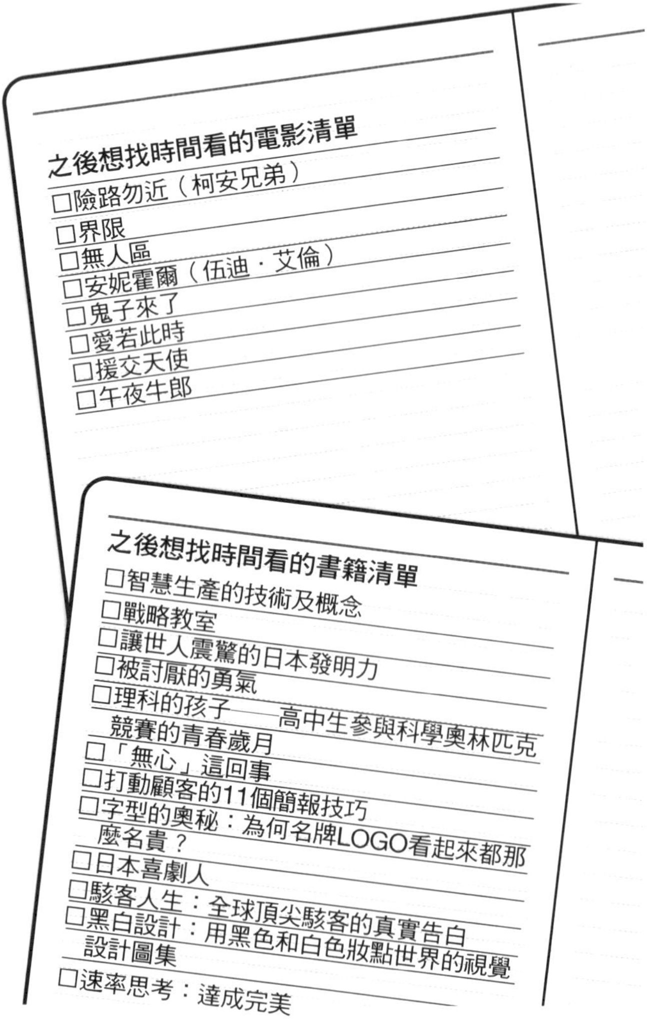
之後想找時間看的電影清單
□險路勿近（柯安兄弟）
□界限
□無人區
□安妮霍爾（伍迪・艾倫）
□鬼子來了
□愛若此時
□援交天使
□午夜牛郎
之後想找時間看的書籍清單
□智慧生產的技術及概念
□戰略教室
□讓世人震驚的日本發明力
□被討厭的勇氣
□理科的孩子——高中生參與科學奧林匹克競賽的青春歲月
□「無心」這回事
□打動顧客的11個簡報技巧
□字型的奧秘：為何名牌LOGO看起來都那麼名貴？
□日本喜劇人
□駭客人生：全球頂尖駭客的真實告白
□黑白設計：用黑色和白色妝點世界的視覺設計圖集
□速率思考：達成完美

52 清單實例③ 記錄想感謝的人與事，貴人運增10倍

成功人士總是不忘感恩。只要**確實地將受人點滴的心情記錄下來，下次見面時表達感恩之情，就能給人真誠、直爽的印象。**

在此推薦列出「禮物清單」。將收到的物品和贈與人記錄下來，日後要寫感謝函或是回禮時都十分方便。在待人接物中，對他人的關懷是相當重要的一環。

我是那種會忘記曾經收過禮物的人，和對方再次見面時，經常連自己曾經收過對方的禮都不記得，就這樣連句謝謝都沒說，事後才回想起來。後來我多次反省，才決定記錄禮物清單，並時時回顧，也算是有點幫助。

經由整理，你會發現收到的心意出乎意料地多。包含生日、情人節、中元節、年終、慰勞的點心食物等等，只要連物品名稱都記錄下來，在回禮時就能選擇價值相當的東西。當然，除了禮物之外，將不定期收到的信件整理到表格中也很方便，其中包

含喪中明信片（註：在日本，若有親人過世，會在年末時寄出喪中明信片給親友，表示「目前家中正在辦喪事，請不要寄賀年卡恭喜我，也請原諒我今年無法寄贈賀年卡給您」），在年末準備寄送賀年卡時，就能派上用場。

”寫下想做的事、每天檢視，提高達標率。
——日本星巴克前執行長岩田松雄“

▶收到的不是禮物，而是心意

53 清單實例④ 製作禮物表，讓朋友變麻吉

在禮物清單中，推薦你記錄收到的物品時，也寫下**回贈的東西**。進一步，可將這些記錄作為下次送禮的參考，製作一份**回禮清單**。

打個比方，當你發現一個很棒的商品，覺得「啊，這個馬克杯說不定很適合那個人」時，可以先將禮物的資訊記錄下來，到了對方生日前，再買下那個馬克杯送出即可，完全不需要再多花心思煩惱。要是你在發現時就買下，不僅為之過早，也造成物品的囤積。這份清單也能讓你省去不知道該送什麼好的煩惱，避免不必要的時間浪費。

此外，在聊天時得知對方「喜歡某個品牌」或「正在尋找好用的文具」時，也可將對方不經意透露的想法記錄下來，日後選擇致贈類似的禮物。這麼一來，讓對方留下「原來他把我的話放在心上」的好印象，自然不是什麼難事了。

▶ 送禮是一種品味

送禮清單
對象
送禮明細
女朋友
生日禮物　200朵玫瑰花
姊姊
狗狗衣服　目黑區的店家「A」
前輩A
尾山台的店家「0」的布丁
上次說喜歡。
這個送給姊姊……

順帶一提，製作這份清單還有另一個好處，那就是不會重複送出相同的禮物，畢竟人難免會忘記自己曾經送過些什麼。

“一本記事本足以改變你的人生，絕不是誇大其辭，我的人生也是因為一本記事本，而就此改變。”

——日本GMO集團創辦人熊谷正壽

54

清單實例⑤ 標記重要紀念日，親人感動你有心

先前說的是只適用一年的資訊清單，接下來介紹一輩子都用得上的清單。

人是一種必須和他人產生聯繫，才會感到幸福的生物，因此在手帳裡寫上朋友和重要人士的情報，可說是別具意義。在此推薦的是生日和紀念日清單。男性朋友即使記得女友或太太的生日，難免會忘記交往紀念日或結婚紀念日等重要日子。透過紀念日清單來幫助記憶，再若無其事地送出花或禮物，就能為自己大大加分。

還有一個重點，就是紀念日的記錄位置。你該不會將紀念日都謄寫在行事曆欄位中對應的日子上吧？**等到一年過去，又得重新寫在新手帳裡，這實在太浪費時間了。**像這些永遠不會改變的資訊，請寫在其他筆記本上。即使新的一年到來，只需將該筆記本夾進新手帳，就能輕鬆地讓資訊繼續累積，非常方便。

近來，許多社群網站會主動通知朋友的生日，但並非所有人都使用這類網站，自

己整理成清單才是最棒的作法。這些資料的累積，會讓我們的人生更加豐富而圓滿。

”

寫筆記能讓我聽得更入神，記憶得更清晰。

——微軟創辦人比爾·蓋茲

“

▶ 紀念日增加了，你的幸福也會增加

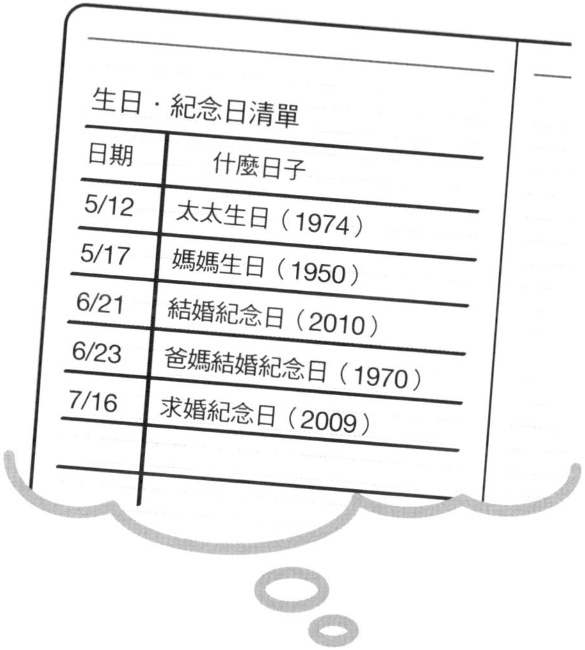

55 清單實例⑥ 連離世前想做的事也可以記……

你知道羅伯特・哈里斯所寫的《人生的100個願望清單》這本書嗎？書中寫了一百件作者在死前嘗試實踐的願望和相關散文，可說是一本幫助讀者明白該如何過生活的人生指南。

雖然我對此頗有感觸，但想強調的是，**光是把想做的事迷糊地放在腦中是行不通的**。寫在紙上、經常翻閱，不僅能讓潛意識轉化為顯意識，更能刺激自己採取行動。

無論用哪種筆記本，都能列出這種清單，**重要的是要全部寫在同一處，讓自己能時時翻閱**。不能時常翻閱就等於毫無意義，寫在固定處不僅能看見之前的內容，也可以達到提醒的效果。將想做的事列成清單、夾在手帳裡，也是很好的做法。

比起「出國旅遊」那樣模稜兩可的願望，「去一趟南極，用冰山的冰兌威士忌喝」或「拍攝自己的MV」這樣具體的內容，不是更有趣嗎？開始覺得「我的人生還

▶ 有一些「死前一定想完成」的事

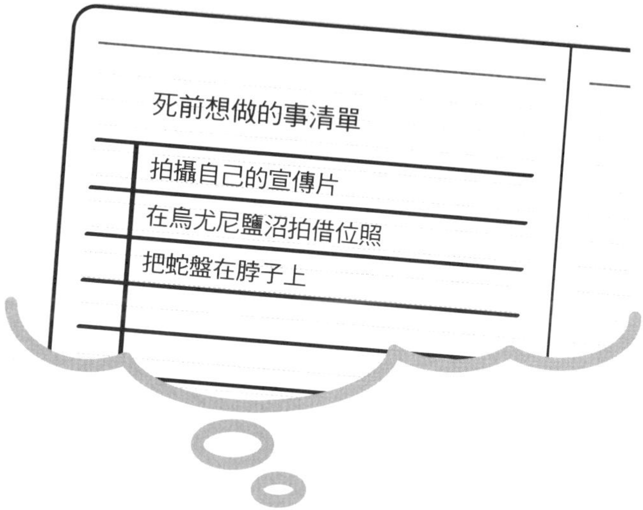

我在手帳裡列好清單，實踐了想做的事！

真是平淡無聊」的人，請務必列出自己的願望清單，並試著實行。

”

一旦你產生了一個簡單堅定的想法，只要你不停地重複它，終會使之成為現實。提煉、堅持、重複，這是你成功的法寶；持之以恆，最終會達到臨界值。

——通用電氣前執行長傑克·威爾許

“

Date / /

5 四 THU
6 五 FRI
7 六 SAT
8 日 SUN
6
7
8
9
10
11
12
13
14
15
16
17
18
19
20
21
22
23
24

第七章

學成功者「啟發人生」的筆記規則

56 人生低潮時，翻閱手帳能帶來意外的啟示

截至目前為止，本書提倡的概念是：手帳不只是單純用來記錄預定事項的地方，更是為一天做總結、回顧資訊或靈感的所在。

然而，無論我們怎麼拚命地寫，當一年過去，手帳便會被丟進抽屜，不再拿出來回顧。因此，**在沮喪低落時，翻閱過去的手帳或許能得到意想不到的啟示**。例如：「這個時期我還真是努力」，被過去的自己鼓勵；或是「那時候覺得這真是人生最黑暗的一天，不過現在已經事過境遷。也許，現在的磨難到了哪天，也會變得沒什麼」，心情會有些許的好轉。

在手帳裡寫著「現在」的每個瞬間，很快會成為過往雲煙。但是，透過手帳回憶人生，便能充分理解自己現在的位置。更進一步來說，看著過去到現在發生過的點點滴滴，預測起未來將變得更加容易。

▶ 過去到現在的經歷，造就了明天的自己

手帳像是來自「過去的自己」的加油信，或許這則隨筆能在未來某一天成為激勵自己的關鍵。請抱持著這種心情，繼續在手帳裡記錄更多內容。

”人都有惰性，靠筆記自我督促。翻開筆記就像見到燈塔，清楚目標在哪。

——世界麵包冠軍吳寶春“

57

哪些事值得紀念？為自己和家人留下珍貴回憶

請問一下，你能馬上想起自己是哪一年畢業嗎？第一次出國旅行是何時？開始飼養寵物又是幾歲呢？對於這些事，雖然都有印象，卻無法迅速、正確地想起來。或許有人會說：「有差嗎？大概有印象就好。」但是，若是有明確的記錄，不僅會更便利，在寫履歷時，這些資料更是彌足珍貴。

因此，**試著寫出自己的大事記**吧！大事記可不是歷史人物才能擁有，將家人和世界上發生的大事合併記錄，更能加深印象。現在你正準備要使用的手帳也一樣，綜觀瀏覽後也屬於大事記的一部分。每個月寫一次「自己的新聞」，或許在每年換新手帳時，總結整年的生活點滴將變得輕鬆不費力。

在書寫的當下，或許你不認為這些事情重要，但**在五年、十年後甚至步入老年時，都將成為珍貴的年表記錄**。想喚起歷時淡薄的記憶，就從現在開始動手！

▶ 你的夢想，只有你能實現

實現你夢想的手帳，只能由你來製作。

59 想要實現夢想，如何用手帳逐步採取行動？

想要實現夢想，只需要稍微轉個念。方法很簡單，就是**不稱那是「夢想」，改稱為「目標」**。在寫下目標後，就能分析接下來該如何朝夢想採取行動。

舉例來說，像「環遊世界」這樣模糊不清的夢想，將它轉換為「想去看世界遺產」這樣具體的目標。思考著：去哪裡好呢？為了成行，該怎麼做？需要休幾天假？公司有怎樣的休假制度？該如何獲得身邊人們的理解？要什麼時候請假？如此逐一抽絲剝繭，計畫將變得容易多了。接下來，列出想去的地方，在世界地圖上做標記，查詢航班資訊，規劃出前往各個地點的最佳路線，預約住宿等等。如此一來，就能掌握該如何行動。

總而言之，千萬別讓夢想只是夢想，**針對現實目標加以分析，便有實現的可能**。寫下目標後，務必將其細分成可行的步驟。空想和實踐之間，可是天壤之別。

▶ 將夢想化為目標，就更容易採取行動

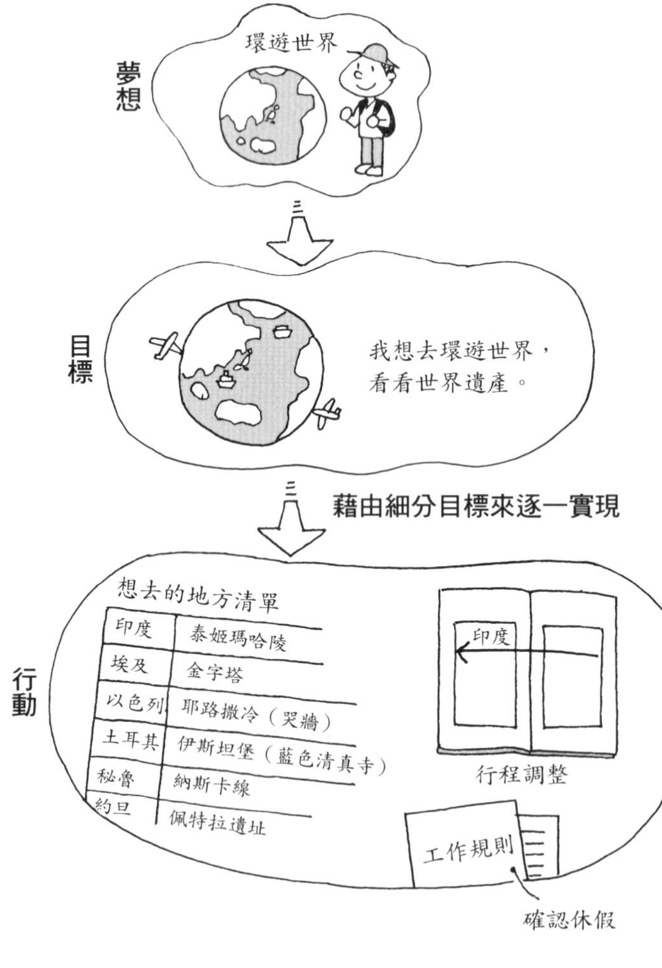

60

將目標分門別類做記錄，並構想具體行動

「你的夢想（目標）是什麼？」我想大多數的人突然被這麼一問，都會回答得模模糊糊吧？這是當然的，生活不光是想著夢想就好，而且遠大的夢想也讓人覺得難以捉摸。所以建議，即使是**在一開始設定夢想時，也要依類別逐一細分**。

只是簡單設想想，就能細分成這些類別：工作、證照、金錢、人際關係、健康、興趣、旅行、家人、朋友等。透過分類，列出工作的目標、金錢的目標、旅行的目標，就能具體地對自己提問，也可以逐一回答了。

夢想因人而異，請你務必試著**書寫夢想，讓它成為看得見的文字，再轉化成目標，然後將邁向目標應採取的行動加以分類**。最後，將夢想昭告身邊的人也很重要。想要實現夢想，不僅要靠自己的力量，周遭的理解、協助和建議也相當重要。和身邊的人討論，或許能得到意外情報，協助你順利實現夢想。

▶ 將目標加以分類，寫起來就更加容易

類別	目標
工作	成為頂尖文案企劃
證照	TOEIC 800分
金錢	達到靠專利收入就能維持生活的程度
健康	維持能夠經常享用美味肉品的腸胃機能
興趣	製作令世人吃驚的發明
旅行	環遊世界 前往宇宙旅行
家人	不要被華子（狗狗）舔
朋友	擁有「連續一個月，每天都能和不同人去吃燒肉」的朋友數量

61 過得漫無計畫？寫出「理想時間表」找回節奏

你的一週是否過得漫無計畫？若是如此，建議你製作**理想的時間表**。

許多人在進入社會後，被忙碌的工作纏身，無論下班時間或用餐時間，都以工作為優先，生活變得庸庸碌碌。或許就是現在，你需要一張規律的時間表，也就是**公私雙方都得以兼顧、專屬於你的理想時間分配**。

請你考量一下工作、私人生活和家人等層面，試著寫出理想的時間分配表。利用週間行程中沒在使用的頁面，就可簡單規劃。你可以思考或構思：自己都在幾點前就寢、何時起床；禮拜五早上想學習英語會話；每週有兩次提早一站下車，走路通勤；週五一定要準時六點下班等等。當你完美地安排出「理想的一週」，身心都將獲得全新的感受。

如果你覺得這樣做很難，不妨先試著做出「平日模式」和「假日模式」這兩種。

一旦將理想化為文字，就能逐漸修正實際的行動。重要的是，藉由期望的行程安排，讓自己能開始留意生活。

“透過筆記，檢視發明實驗的進展。”

——美國發明家湯瑪斯．愛迪生

▶ 填補理想和現實的差距

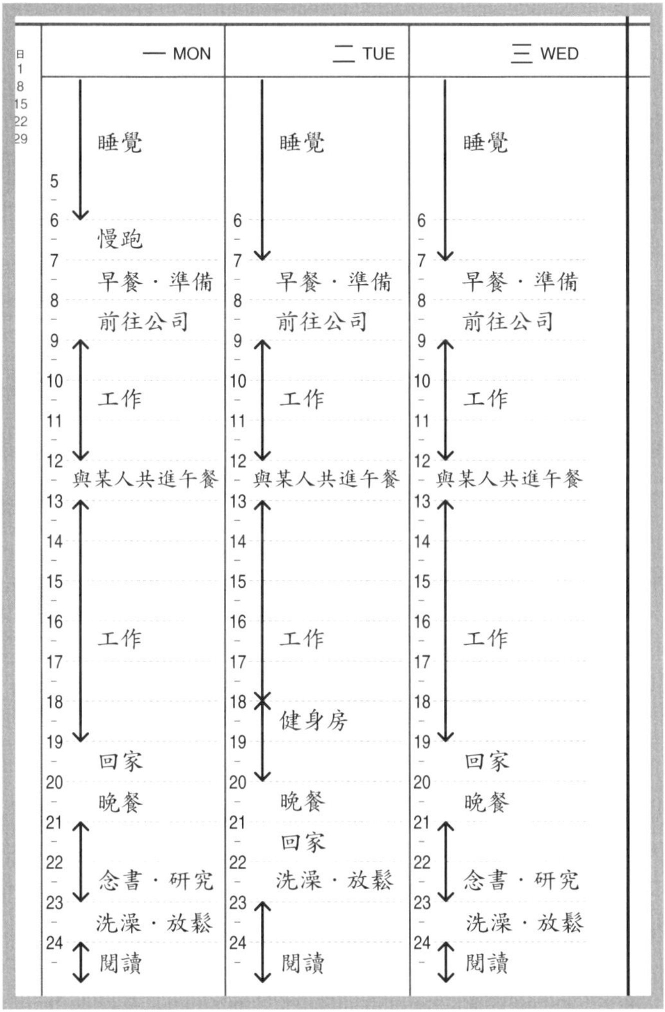
一 MON
二 TUE
三 WED
日
1
8
15
22
29
睡覺
慢跑
早餐・準備
前往公司
工作
與某人共進午餐
工作
回家
晚餐
念書・研究
洗澡・放鬆
閱讀
睡覺
早餐・準備
前往公司
工作
與某人共進午餐
工作
健身房
晚餐
回家
洗澡・放鬆
閱讀
睡覺
早餐・準備
前往公司
工作
與某人共進午餐
工作
回家
晚餐
念書・研究
洗澡・放鬆
閱讀

62 親手記下觸動內心的成功者名言，轉化為動力

每個人的心中都有幾句至理名言，偶爾回想起就能充滿元氣、激勵人心。許多名言光是文字本身就已富含意義，在結合當事人的經驗後，更會膨脹成好幾倍的份量。因此，並不是要你從名言集裡找來現學現賣，而是希望**將看了真正深受感動的句子親手寫進手帳**。除了名人的名言之外，主管的建議、在書中讀到的文字、母親說出的簡單話語，都有可能蘊藏人生的關鍵啟示。**所有能觸動人生的文字，都能成為你的名言佳句**，請記得記錄下來。

當然，建議別寫在手帳的週間或月份行程的空白處，一樣要製作專屬的頁面，彙整記錄。隨著每一次記錄新的名言，之前寫下的字句也能自然映入眼簾。如此一而再、再而三地瀏覽，就能進一步吸收，內化成自己的東西。不被翻閱的至理名言形同不存在，因此請好好整理在手帳裡。

▶ 經常將名言佳句謹記在心

名言佳句清單

想要成功，就是在成功之前絕不放棄。

——安德魯·卡內基（美國鋼鐵大王）

預測未來最好的方法，就是創造未來。

——艾倫·凱（美國電腦科學家）

漂流，但永不沉沒。

——開高健（日本作家）

所謂發明，就是排除無用的、選擇有用的組合。所謂發明，就是追究其差異，然後做出選擇。

——儒勒·昂利·龐加萊（法國數學家）

人能夠想像的，必然能夠由人實現。

——儒勒·凡爾納（法國小說家）

好好活著。

——蘇格拉底（古希臘哲學家）

並非是酒精使人沉淪，而是酒精讓我們知道人原本就是沉淪的。

——立川談志（日本落語家）

笑口常開的人永遠受歡迎。

——法蘭克·貝特格（美國超級銷售員兼勵志作家）

給我的應答，就只有大聲的「是！」和小聲的「是……」這兩種而已！

——小澤老師（小澤正光）

有一群瘋狂的人，他們格格不入，被稱為叛逆份子，總像是要將圓形木樁敲入方形洞中一般，以截然不同的眼光看待事物。他們討厭墨守成規、不願安於現狀，有人受他們感動，也有人反對他們、讚頌他們或詆毀他們，然而卻沒有任何人能夠漠視他們——因為他們改變了事物，讓人類大步向前。他們雖然被當成瘋子，我們卻認為他們是天才。正因為堅信自己有能力改變世界，才能夠真正地改變世界。

——蘋果《Think Different：不同凡想》

63 生活不規律時，用「生活日誌」構築未來藍圖

「我實在不懂生活日誌有什麼好寫的……」有人抱持著這種想法。其實，覺得沒必要寫的人，就別寫了。只為了緬懷過去而寫日誌，一點意義也沒有，因為**生活日誌是為了構築未來藍圖而寫**。

話雖如此，還是有人連該寫些什麼都不知道。我的建議是記錄睡眠時間：每天幾點就寢、幾點起床。為了掌握現狀，先試著記錄一個月。明明某一週過著規律的生活，某一週卻徹夜未眠或連續幾天都在喝酒。一旦將不規則的記錄視覺化，藉由對照這份記錄和自己的狀況，或許就能切實地了解規律生活的重要性。

其他像是用螢光筆來標註出用餐時間也不錯，寫下「和誰吃飯」也是很棒的生活日誌，記錄「在什麼事上花了多少錢」也可以。另外，寫下基礎體溫、體重，用折線圖來記錄，不僅簡單明瞭，對掌握身體資訊也相當有幫助。

▶將行程化為容易閱讀的形式，就能研究出對策

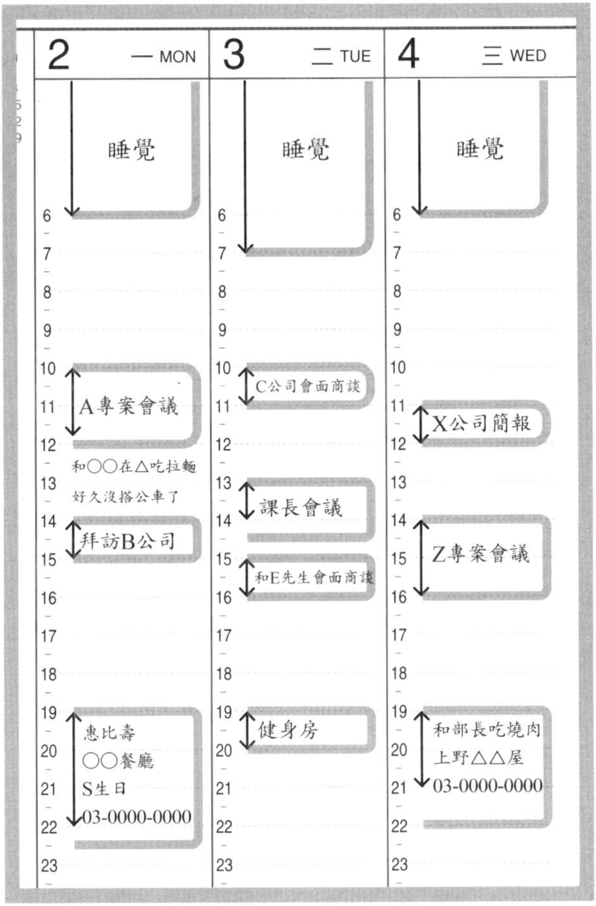

這裡的重點是要讓畫面一眼就看得懂。若是採用數字的記錄方式，就得加加減減地推算出睡眠時間，不僅麻煩，也無法瞬間看出各個行程的長短。

建議你直接用方形來框住時間軸。若沒有24小時制時間軸，就自行畫上。近來有不少手帳都有這樣的配置。

64

畫個天氣塗鴉，讓當天的細節鮮明浮現

在生活日誌中，也可以記錄天氣。「又不是暑假作業的塗鴉日記！」可能會有人這樣吐槽。但是，我不是要你寫下每一天的天氣，而是重點記錄**能夠喚起記憶的天氣**。

比方說，在「最炎熱的一天」用「☼」符號（可以連氣溫也一併寫上），再加上「今年最熱的日子」等文字，就能喚起對那一天的記憶：「啊，這一天在外頭熱到差點昏倒了，手帳裡寫了咖啡廳，就是因為太熱了才進去休息的。」當天的細節就這樣一一浮現。如此連結天氣和行動，記憶將更加鮮明地一湧而上。

另外，像是在颱風登陸的日子畫上「🌀」符號，再寫上「史上最強颱風登陸」，就能立刻聯想到：「啊！這一天因為颱風，所以我整天都窩在家裡，一口氣看完了所有錄下來的電視節目。」

▶ 特殊的天氣讓人印象深刻

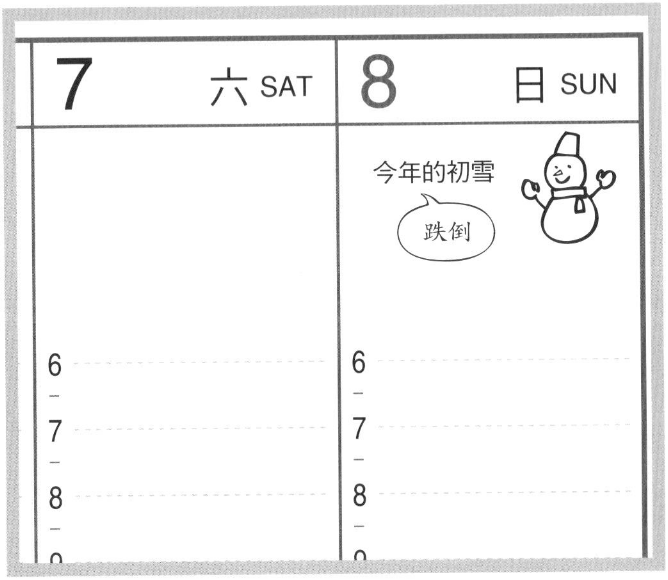

天氣對於勾起記憶相當有幫助，再舉個例子：「雖然那時工作累個半死，走在路上卻看見了彩虹，讓我瞬間精神為之一振！」、「今年的第一場雪。當時因地板濕滑而摔了一跤，逗得我喜歡的女孩子笑了。」

諸如此類，我們的回憶總是和天氣緊密相連。

“好點子是從累積的記憶中誕生，絕不可能憑空出現。因此，重讀筆記本等於重新審視自己的觀點，刺激你進一步思考。

——日本神經內科醫學博士米山公啟”

Date ／ ／

BeetleTip
dual color
2色蛍光マーカー
BeetleTip
dual color
2色蛍光マーカー

附錄

巧用9種工具，優化你的手帳筆記

A 有了魔擦筆，預定事項一再變動也不怕

每個人的書寫工具都不盡相同，原子筆、鉛筆及鋼筆，每種筆都有各自的好處，使用者也各有所好。在此推薦一個很棒的筆記工具，就是能擦去筆跡的三色按鍵式魔擦筆。

與其說預定事項容易變動，還不如說根本是不停在改變。為了**無論何時變動行程都不會感到困擾，能迅速塗改的筆就是最佳選擇**。而且，若一支筆有三種顏色，還能依照用途分開使用。

我總是將這支筆夾在手帳中帶著走，甚至經常放在包包或抽屜裡，也會插在胸前的口袋。為了不讓「沒了它就無法寫字」這樣本末倒置的事情發生，我買了幾十支分別放在伸手可及之處。此外，替換筆芯有 0.5mm 到 0.38mm 等規格供選擇，即使小字也能輕鬆駕馭，變得更方便書寫。

▶ 目前市面上好用的手帳書寫單品

PILOT百樂

3色按鍵式魔擦筆

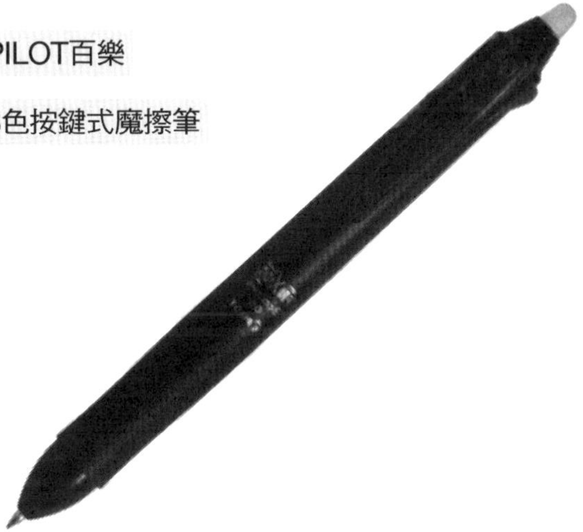

我將這款魔擦筆當作為自己的標準配備。一般販售的3色按鍵式魔擦筆都是0.5mm，不過也可以換插0.38mm的筆芯，就能寫出更細的文字。

PILOT百樂

魔擦筆專用

0.38mm筆芯 3支組合

順帶一提，儘管預定事項容易變更，然而不建議你使用自黏便條紙。因為，將預定事項寫在黏貼便條紙上，一旦行程變動就移動位置，但要是便條紙脫落了，這些寫在便條紙上的文字，瞬間變成沒有記載時間的迷途情報，失去了資訊的意義。

B 為了凸顯局部和重點，拿出螢光筆做標示

前面的章節曾經提過，書寫手帳可以用3色原子筆來分別記錄公事和私事。不過，我不建議你因為想進一步提升檢索功能，而增加筆的顏色。顏色越多，越可能搞不清楚各色到底指的是哪一種類別，反而不利查找。以我個人的經驗，四種顏色就是上限。

為提升檢索品質，可使用粗頭的螢光筆。螢光筆和原子筆有著不同的層次，更能營造出凸顯的效果。比方說，在有長途移動行程時，選用黃色螢光筆將該區域框起來，就能一目了然。除了出差、旅行之外，其他像是睡眠時間用粉紅色框、聚餐時用綠色線條標註等等，也會顯得很清楚。依照自己的習慣來畫記，例如：吃藥、運動、和重要人士會面，以及重要活動時，都能使用螢光筆來強調。當然，顏色還是以三種為限，太多就容易混淆了。

▶一支雙色，便於攜帶

KOKUYO S&T

獨角仙雙色螢光筆

橘色×水藍色　淺綠色×紫色　黃色×粉紅色

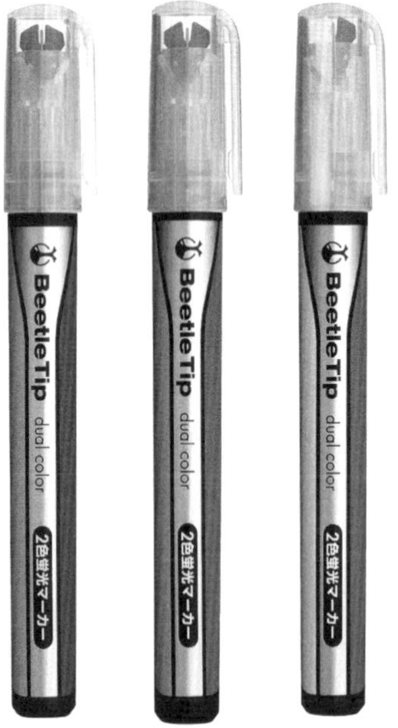

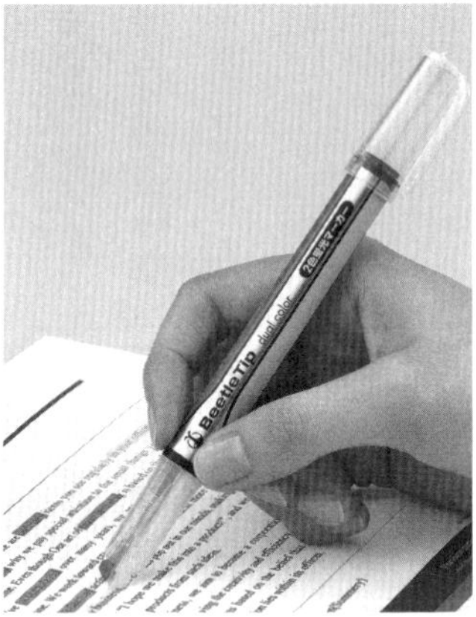

這支雙色螢光筆是挺方便的單品，只需轉動就能換成另一種顏色來畫記。

C 想隨身攜帶喜歡的筆？有這種筆套就搞定

當你使用喜歡的手帳時，必定會想搭配用得順手的筆。但越是想要寫些什麼，偏偏常用的那支筆不在手邊，實在令人扼腕。

然而，「沒有這支筆，我就不能寫手帳」的想法太過捨本逐末，因此讓筆和手帳能夠一同攜帶才是重點。

但並非所有的手帳都附有筆套，在此介紹可裝在手帳上的筆套商品。

我推薦的是 **MIDORI** 的「**Belt Seal 手帳專用扣帶**」。它只要貼在手帳上，就可以當作關閉手帳的扣帶，兼具筆套功能。只需要將筆插在扣帶上即可，直徑最粗達 13mm 的筆都能收納。

其他像是鬆緊帶式的筆袋——**PILOT** 百樂「**手帳專用可調節束帶筆套**」，也是十分推薦的單品。如果只有插筆的需求，開放式筆袋會比拉鍊式更便於使用，而且這

▶ 客製化你的手帳，就從這裡開始

MIDORI

「Belt Seal」

只要貼在手帳上，就成了兼具筆套功能的固定帶。

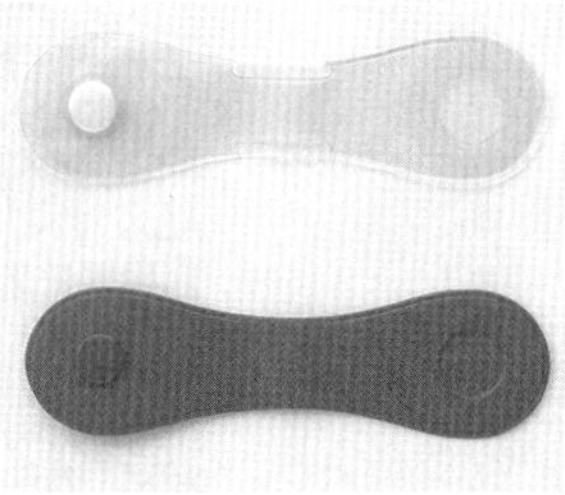

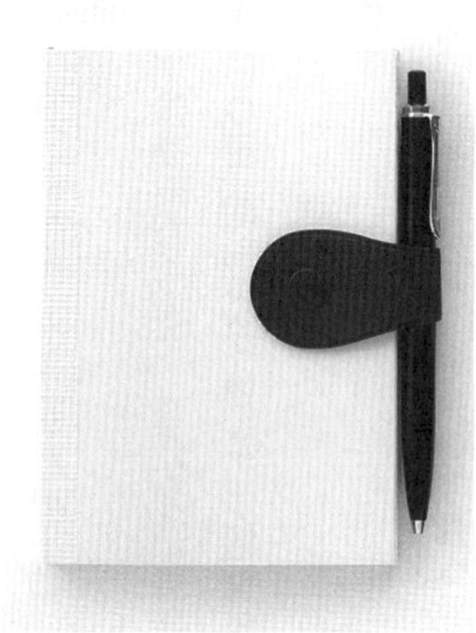

PILOT百樂

手帳專用可調節束帶筆套

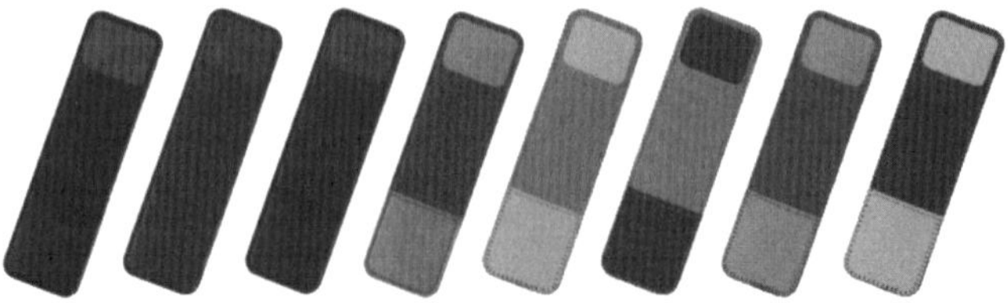

如果只需把筆插著，就推薦你使用這種沒有拉鍊的款式。

個款式能插兩支筆，可以搭配放置螢光筆。果然，心愛的手帳有了喜歡的文具隨侍在側，能讓我們寫得更加得心應手。

D 想強調特定內容或是妝點手帳？裝飾技巧派上用場

花邊帶、紙膠帶類產品非常受到女性歡迎，老實說男性很難理解這份裝飾的樂趣。但換個角度想，使用這類產品不僅**能有效提升手帳的檢索功能，也能營造出和其他頁面的差別**。

貼紙會依據使用方式，具有不同的便利性。貼上「♥＝約會」、「車＝移動」這類一眼就看得懂、具有意義的貼紙，能創造更高的管理效率。若覺得使用造型貼紙有些難為情，可以使用圓形的彩色貼紙，例：選用「綠、黃、紅」三種貼紙，為它們訂出憑直覺就能理解的規則。除了採用「綠＝安全、黃＝注意、紅＝危險」這種眾所周知的號誌燈顏色含義，如果在家用餐是綠色、外食是黃色、吃便利商店的便當是紅色，也挺有趣的。

另外，也可以**為每一個事件或行動打分數**。貼上帶有「綠色＝優」、「黃色＝

▶ 創造妝點手帳的樂趣

PLUS

花邊帶

Deco Rush

畫重點裝飾超簡單的筆型花邊帶。

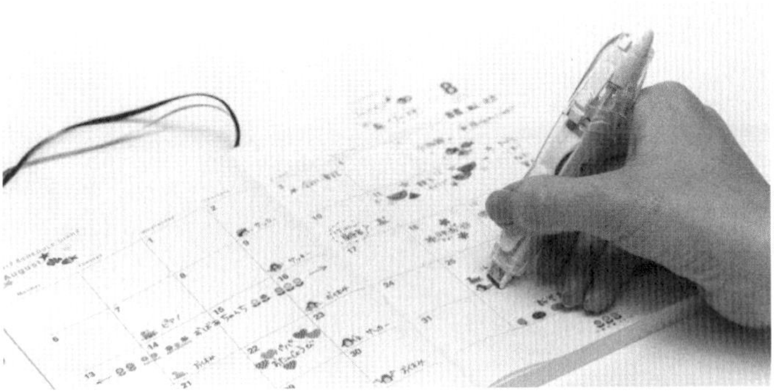

NITOMS

標色圓形貼紙

用圓形的標色貼紙，創造屬於自己的手帳規則，無論被誰看見都沒問題。

可」、「紅色＝劣」這樣含義的貼紙，就能瞭解每一天過得如何了。

近來市面上還出現一種「魔擦印章」，讓印章裝飾變得更具親和力。請交互搭配原子筆、螢光筆和裝飾單品，試著打造出專屬於自己的規則！

E 黏貼小袋放入名片和鈔票，手帳變身應急錢包

我經常忘記帶錢包。即使帶了錢包，裡面連張鈔票都沒放也是常有的事。為了因應這種情況，我**在手帳上貼了一個小袋子，裡頭放了張千元日鈔**，只要有了這點錢，一天還算過得去。

這個做法有另一個效果，就是當手帳遺失時，可以用來當作請拾獲者寄送回來的補貼金。正在使用的手帳可能對拾獲者毫無價值，但對持有人卻是無論花費多少錢都想拿回來的寶物。因此，你可以在手帳的最後一頁貼上裝了鈔票的小信封袋，再加上「這本手帳對我來說非常重要，麻煩您使用信封袋中的錢，將它寄還給我，我會另外給您五千日圓作為謝禮」這樣一句話更好。或許對方會認為，不僅郵資已經準備好了，還能拿到謝禮，就寄回去給手帳持有者吧！

此外，將郵票放入袋中也很方便。若突然必須寄信，就能即時應對處理。

▶即使名片用完了、忘了帶錢包也不害怕

RONDO工房　CARDRIDGE

超薄型名片盒。可以放入2至3張預備用的名片，也可以將鈔票摺疊後放入，讓它搖身一變，成為緊急錢包。

PCM竹尾　PETA

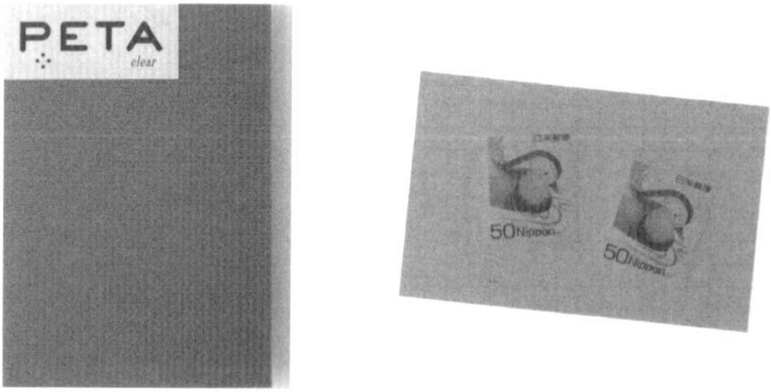

半透明的全貼式便條紙。可以先在手帳和便條紙之間夾入郵票或鈔票，再直接貼上，一眼就可以看出裡頭有多少錢。

F

蓋印章顯示頁碼，尋覓資訊時不會迷航

手帳裡都有月份或週間的頁面，因此十二月十日的資訊只要寫在對應日期即可，我將這稱為**資訊的地址**。

但筆記本的內頁並沒有這樣的地址，因此若能在每一頁都標註頁碼，搜尋起來就方便多了。但要一頁一頁地寫上數字很麻煩，而附有頁碼的筆記本卻價格不斐。筆記本或備忘錄，選擇能夠不在意成本來使用的產品，才是最重要的。

在此建議可以使用Shachihata的「頁碼章」，只要蓋個章就能印出頁碼，每一次按壓，數字轉盤就自動往前，不需要你轉動印章蓋下一頁，是便捷好用的單品。

如此一來，可以在所有筆記本中標註地址，資訊不再是迷途羔羊。例如：寫在筆記本的會議記錄，就能和手帳簡單串連，或者將這項資訊利用「Evernote」儲存時，可以藉由OCR辨識功能來查詢頁碼，能讓你事半功倍。

▶ 讓手帳和筆記本之間的連結更得心應手

Shachihata

頁碼章

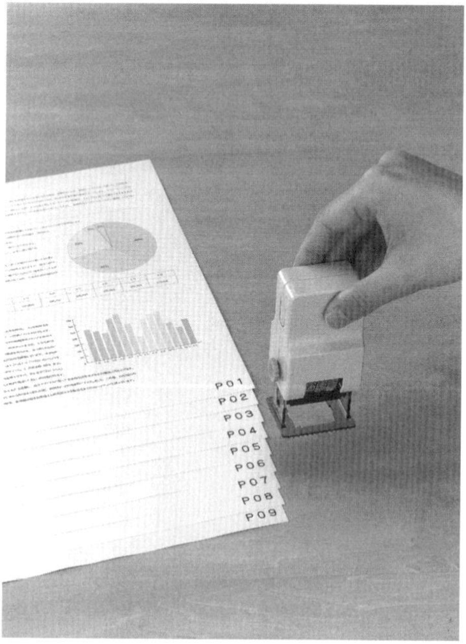

數字有黑體和明體兩種字型可供選擇。

G 搭配數位標籤，手帳也可以瀏覽手機相片

我想有些人想要貼相片在手帳裡。相片傳遞資訊的速度，比任何素材都還要快，也更容易留下印象、喚起記憶。不過，將相片印出、貼在手帳上，不僅麻煩，手帳更會隨著照片貼得越多而越厚，這是一大缺點。

這時，只要使用 KANMI 堂的「Picot 標籤貼」就能解決了。先將它貼在手帳喜歡的位置，接著使用智慧型手機讀取 QR Code，再選擇手機裡的照片登錄上去即可。之後，只要**利用手機解開這個 QR Code，就能馬上閱覽相片**，可說是讓傳統手帳結合數位科技的絕佳產品。

這不僅能用來登錄旅行或聚餐的相片，也能在工作上將寫在白板的商談內容拍成相片，登錄進手機中。

我個人是在統整當週吃過的東西、見過的人之後，登錄成一張相片，貼在週間行

▶ 將手機相片和手帳串聯在一起

KANMI堂

Picot標籤貼

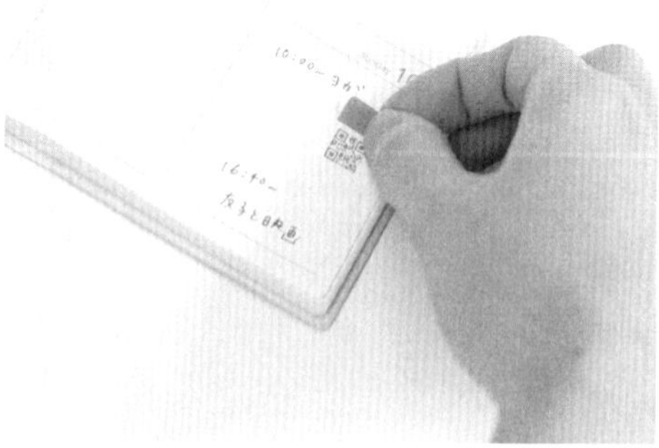

無論想要登錄幾張相片，都能設定連結到標籤貼的QR Code上。

程頁面上；或者將不能被別人看見的內容，例如密碼或個人資訊等拍成相片，再進行登錄。另外，希望用作遺照的相片，我也是用這樣的方式留存。

H

藉由輸出設備，把手機畫面貼進手帳裡

使用手帳或筆記本時，偶爾會想在裡頭貼上地圖或食譜。的確，這類資訊不僅抄寫起來費事，而且直接黏貼素材的傳遞速度也比較有效率。

在此推薦的是**能夠無線傳輸、採用感熱列印的 KING JIM 螢幕列印機「Rolto」**。雖然黑白列印不適用於印相片，但只是印出文字或線稿，就相當好用。說到底，有些資料即使保存在雲端也不會翻出來看，搜尋和管理也很麻煩，貼在備忘錄裡使其保持在能經常看見的狀態，才是最正確的做法。

然而，這樣的商品會讓人特別想在外出時使用，雖然附有電源變壓器，但在外頭難免會找不到插座。我試過插上行動電源，只要有 2.1A 的輸出接口就可以使用（僅為經驗分享，後果請自行負責）。這麼一來，即使想在外頭經營你的手帳生活，也將變得更充實有趣。

▶ 輕鬆輸出想要貼在手帳上的資訊

KING JIM

螢幕列印機Rolto

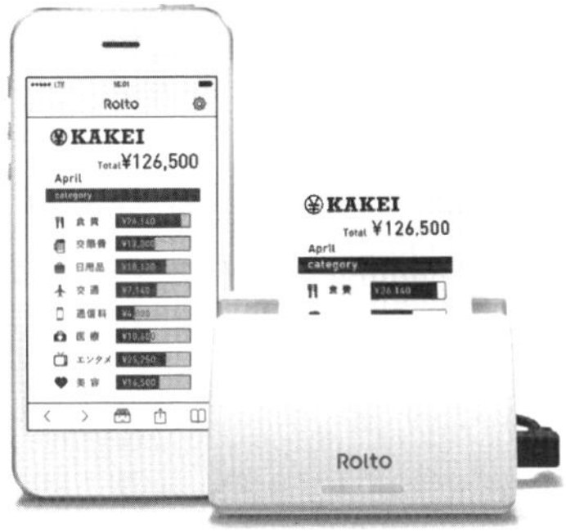

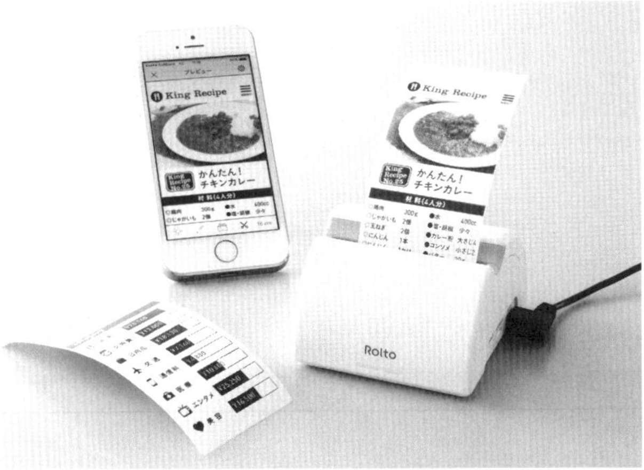

可以列印出手機畫面，十分方便。列印紙背面帶有黏性，可以直接貼在手帳中。

順便介紹我的一個小撇步，那就是將會議記錄的錄音檔儲存在「Evernote」，再將網址存成 QR Code，用「Rolto」印出，貼在會議紀錄的頁面。雖然需要用到產生 QR Code 的 APP 或相關服務，但確實相當方便。

一時偷懶後想不起來？用日誌APP當記錄小幫手

手帳是要每天寫的東西，但有些時候會忘了寫或懶得寫。忍不住偷懶好幾天，結果過去的事情就想不起來了。

在此推薦的是**使用GPS（全球定位系統）自動記錄行動資訊的日誌APP**「MOVES」。自從我使用它，將資訊記錄在傳統手帳裡，就變得更輕鬆了。

「已經有數位資料了，為什麼還要寫進傳統手帳？」或許你會這麼想。的確，APP既正確又省事，由於資料都已數位化，因此長期的資訊也能保存在手機裡。

但是請想想看，平常你會時時確認那個APP嗎？要是那個數位資訊保存服務消失了，該如何瀏覽過去的資料？幾經思考後，我覺得抄寫在紙張上比較好。沒有某種載具或程式就無法閱覽的資料，長期來說是令人不安的。這麼想來，不仰賴載具也能瀏覽的紙張，才是最強大的媒介。

▶ 生活日誌能自動記錄

ProtoGeo

MOVES

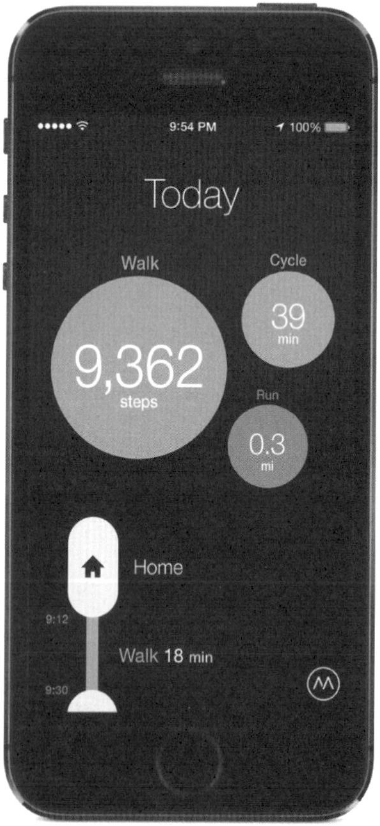

只要啟動APP，隨後就會自動偵測GPS資訊，記錄所在位置。

對於已在記錄日誌的人來說，這個APP可說是必需品，我試過許多其他的日誌APP，都沒有比「MOVES」更好用。不過，它在使用上相當耗電，必須特別留意攜帶行動電源。

結語 聰明寫手帳，度過充滿效率的每一天

我是個怕麻煩的人，如果可以，其實什麼都不想做。

這樣的我，在接獲「能寫一本手帳管理術的書嗎？」的邀約時，實在很苦惱。這種事難道不是更適合那些極有成就或知名度的人士嗎？我只不過是出版一本原創手帳，就要寫一本手帳管理書，老實說覺得自己還真是不知天高地厚。

但我轉個念，自己正因為討厭麻煩，才會愛上為了「不麻煩」而更加輕鬆不費力的管理術（何謂管理術？請把它想成手帳的書寫規則）。為了達到這個目標，即使耗費許多勞力和時間，也不覺得辛苦。

打個比方，就像是為了畫出一幅好畫，從零開始開發畫筆的毛或墨水，或是因為想吃上一口美味的烏龍麵，而從種植小麥開始（雖然這有點類似某個偶像團體在綜藝

節目裡所做的事）。

平時這麼怕麻煩的我，竟然會為了寫這本書廢寢忘食，拚命動腦，這一切實在太愉快了，甚至令我感到欣喜若狂。我認真地思考：「究竟該怎麼做，寫手帳才能變得更好、更輕鬆、更能讓自己偷懶呢？」

這麼一說，身邊的人或許會覺得：「花了那麼多時間，分明是本末倒置。」但要是從十年、二十年都能輕鬆運用的角度來看，這只是微不足道的時間投資而已。當然，之後若有更棒的方法，就能加以改善，只要思考基礎穩固，就不需大幅變動，因為這套系統已經內化成你的一部分。

這彷彿將電腦的作業系統設計得相當確實，即使未來要升級或安裝新軟體，發生故障不良的機率會大幅降低。正因為我設計的《自我手帳》十分有彈性，所以能搭配任何生活模式來使用。

只要設計好系統模式，之後無論是誰，都不需要耗費多餘的腦力或勞力，只要依循規則就能簡單運用，即使是怕麻煩的人也能輕鬆執行。這有如設計了一套「要你思考如何去思考」的手帳管理術。我心想，若是這樣的思考過程，就算是手帳書也能寫得出來吧！如此轉念之後，本書就誕生了。

若您覺得這不只是一本單純的手帳實用書，並從中獲得一些關於手帳使用、時間管理方面的靈感與方向，將會是我最大的榮幸。

最後請容我聊聊自己設計的《自我手帳》。我花費超過十年，一次找出全部會寫在手帳裡的資訊，並加以分解，再重新設計它們的歸宿。因此，《自我手帳》看似是一本手帳，但你打開它之後，會發現左右兩側各安插了小手冊，是「一本三冊」的結構，包含一年的情報「DIARY」、一生的情報「LIFE」，以及靈感的情報「IDEA」。

這本手帳一開始是採自費出版，從二〇一三年度開始才由 KOKUYO S&T 出版發售。它商品化之後，不僅受到愛用者的好評，甚至享有「前所未見！絕妙的手帳思考邏輯」的美譽，更獲得「商品設計獎」的殊榮。

有了這本《自我手帳》，本書提及的手帳術幾乎都能實行（當然無論哪種手帳也都可以）。若您有興趣，歡迎上網搜尋「自我手帳」（ジブン手帳），或是臉書「自我手帳」專頁、推特「@jibun_techo」，追蹤相關訊息。

我衷心企盼本書讀者都能快樂地書寫手帳，同時神速地處理工作，度過充滿效率的每一天。

Date / /

Date / /

國家圖書館出版品預行編目(CIP)資料

那些成功者都有一套自己的筆記規則：活用 64 張圖，讓手帳一目瞭然的歸納整理術！／佐久間英彰著；黃立萍譯. -- 三版. -- 新北市：大樂文化有限公司，2022.06
240面；14.8×21公分. --（優渥叢書 UB：81）
譯自：速攻で仕事をする人の手帳のワザ
ISBN 978-986-5564-80-3（平裝）

1. 筆記法

019.2 111000861

UB 081

那些成功者都有一套自己的筆記規則（復刻版）

活用 64 張圖，讓手帳一目瞭然的歸納整理術！

（原書名：那些成功者都有一套自己的筆記規則）

作　　者／佐久間英彰
譯　　者／黃立萍
封面設計／蕭壽佳
內頁排版／思　思
責任編輯／簡孟羽
主　　編／皮海屏
發行專員／鄭羽希
財務經理／陳碧蘭
發行經理／高世權、呂和儒
總編輯、總經理／蔡連壽

出 版 者／大樂文化有限公司（優渥誌）
地址：新北市板橋區文化路一段 268 號 18 樓之 1
電話：(02) 2258-3656
傳真：(02) 2258-3660
詢問購書相關資訊請洽：(02) 2258-3656
郵政劃撥帳號／50211045　戶名／大樂文化有限公司

香港發行／豐達出版發行有限公司
地址：香港柴灣永泰道 70 號柴灣工業城 2 期 1805 室
電話：852-2172 6513　傳真：852-2172 4355

法律顧問／第一國際法律事務所余淑杏律師
印　　刷／韋懋實業有限公司

出版日期／2016 年 9 月 19 日 初版
　　　　　2022 年 6 月 16 日 三版
定　　價／280 元（缺頁或損毀的書，請寄回更換）
I S B N　978-986-5564-80-3

優渥叢書